Kasmi • Die deutsche Besatzung in Albanien

Potsdamer Schriften zur Militärgeschichte

Begründet vom
Militärgeschichtlichen Forschungsamt

Herausgegeben vom
Zentrum für Militärgeschichte und
Sozialwissenschaften der Bundeswehr

Band 20

Marenglen Kasmi

Die deutsche Besatzung in Albanien 1943 bis 1944

ZMSBw • Potsdam 2013

Bibliografische Information der Deutschen Nationalbibliothek
Die Deutsche Nationalbibliothek verzeichnet diese Publikation in der Deutschen Nationalbibliografie; detaillierte bibliografische Daten sind im Internet über www.dnb.de abrufbar.

Das Zentrum für Militärgeschichte und Sozialwissenschaften der Bundeswehr (ZMSBw) ist hervorgegangen aus dem Militärgeschichtlichen Forschungsamt (MGFA) und dem Sozialwissenschaftlichen Institut der Bundeswehr (SOWI).

Redaktion und Projektkoordination: ZMSBw, Schriftleitung
Redaktion: Wilfried Rädisch
Lektorat: Michael Thomae
Texterfassung, Satz: Antje Lorenz
Umschlag: Kolonne von Raupenschleppern Ost (RSO) der Wehrmacht (vermutlich Heeresartillerieabteilung 51), im Hintergrund ein Minarett am südöstlichen Stadtrand von Tirana (Kodrat e Saukut), ca. September 1943 (BArch, Bild 101I-049-1605-07A).

ISBN 978-3-941571-24-2

Inhalt

* * *

Einleitung

Seit 1990 wird in Albanien auf verschiedenen Ebenen eine heftige Debatte um die Neubewertung der nationalen Geschichte geführt. Der Schwerpunkt der Diskussion liegt auf der Geschichte des 20. Jahrhunderts, insbesondere auf den Geschehnissen in Albanien während des Zweiten Weltkrieges. Dieser Streit wird nicht so sehr innerhalb der Wissenschaft ausgetragen als vielmehr in der Publizistik und Politik. Infolgedessen wurde beispielweise in den 1990er Jahren das »richtige« Datum der Befreiung von der deutschen Wehrmacht zweimal geändert. Im Kern geht es in der Diskussion um folgende Fragen: War der bewaffnete Widerstand gegen die deutsche Wehrmacht nötig oder nur eine Vergeudung Tausender Menschenleben für einen Sieg, der ohnehin auf anderen Kriegsschauplätzen entschieden werden sollte? Haben die albanischen konservativen politischen Bewegungen Balli Kombëtar (Nationale Front) und Legaliteti (Legalität) Widerstand geleistet oder mit den deutschen Okkupanten kollaboriert? Haben die Kommunisten ihre Konkurrenten mit Absicht in einen Bürgerkrieg getrieben, um ihre ideologischen Vorstellungen nach dem Krieg realisieren zu können? Michael Schmidt-Neke beobachtete bei dieser Debatte einen Geschichtsrevisionismus, der all das verdammt, was die Kommunisten vertreten haben, und der alles andere positiv sieht, wogegen die Kommunisten vorgegangen sind[1].

Zwischen 1939 und 1945 mussten die Albaner zwei Besatzungssysteme erdulden. So wurde Albanien 1939 von Italien überfallen und konnte unter Zugeständnissen bis 1943 als Teil des italienischen Königreiches seine Existenz bewahren. Das Besondere der italienischen Herrschaft lag darin, dass in Albanien der Polyzentrismus des italienischen Faschismus deutlich zutage trat. Das inzwischen inoffizielle Protektorat sollte in eine nur formal als Personalunion getarnte Besatzungsherrschaft mit kolonisierender Perspektive umgewandelt werden. Die Errichtung einer Kollaborationsverwaltung mit minimalen Spielräumen für die Albaner ging einher mit einer Italienisierung und Faschisierung der politischen und wirtschaftlichen Strukturen in Süd- und Mittelalbanien, während das traditionelle Gesellschaftssystem im Norden intakt blieb, indem Bestechungsgelder an die Stammesführer gezahlt wurden. Albanien diente nicht nur als Sprungbrett für den Angriff Italiens auf Griechenland 1940[2], sondern profitierte auch von der Zerschlagung Jugoslawiens 1941[3], indem der größte Teil des heutigen Kosovos, Westmakedonien und Teile Montenegros' an Albanien fielen.

---

1 Michael Schmidt-Neke, Rezension zu: Bernd J. Fischer, Albania at War, 1939–1945, London 1999. In: Südost-Forschungen, 59 (2000), S. 715.

2 Olshausen, Die deutsche Balkanpolitik, S. 711; Burdick, »Operation Cyclamen«.

3 Olshausen, Die deutsche Balkanpolitik, S. 717; Röhricht, Der Balkanfeldzug 1941.

Nach der Kapitulation der Regierung Badoglio im Herbst 1943 wurde durch die deutsche Besetzung Albaniens pro forma eine »begrenzte Souveränität« wiederhergestellt und Albanien vergrößerte sich um Nordkosovo. Da das Land als eine Herrschaftssphäre Italiens angesehen wurde, folgte der Einmarsch der Wehrmacht in Albanien aus rein kriegsnotwendigen Gründen. Dennoch ist zu betonen, dass die Kapitulation Italiens von der deutschen Führung vorzeitig anerkannt worden war, was dem Reich die Gelegenheit bot, die Neuordnung des Balkans mit dem Versuch einer Entschachtelung der komplizierten militärischen und politischen Befehlsstruktur zu verbinden[4].

Ohne auf die Südosteuropapolitik des Deutschen Reiches näher einzugehen, ist zu erwähnen, dass das deutsch-albanische Verhältnis spezifische Eigenarten in sich trug. Deutschland hatte 1922 das seit 1912 unabhängige Albanien offiziell anerkannt und mit dem Wachsen der deutschen Wirtschaftsinteressen Mitte 1923 einseitig eine diplomatische Vertretung in Tirana eingerichtet. Ein 1926 abgeschlossener Handelsvertrag wurde von albanischer Seite 1933 gekündigt[5]. Ein erster erfolgversprechender Neuansatz für eine wirtschaftspolitische Zusammenarbeit ergab sich mit der Einsetzung des Kabinetts von Mehdi Bey Frashëri, dem während der deutschen Besatzungszeit eine besondere Rolle zukommen sollte. Er versuchte mit dem deutschen Gesandten Erich von Luckwald Wirtschaftsbeziehungen zwischen den beiden Ländern zu organisieren. Diese Initiative passte in den Rahmen der deutschen Politik, sie blieb jedoch ausschließlich auf wirtschaftliche Belange beschränkt. Für die weitere Erschließung Albaniens sollte sie nützliche Kenntnisse und Verbindungen erbringen, vor allem mit Blick auf die Deckung von Deutschlands Rohstoffbedarf. Obwohl der Anregung Mehdi Frashëris vonseiten des Auswärtigen Amts nur bedingt entsprochen wurde, begrub die Ablösung Frashëris als Ministerpräsident, trotz der Skepsis bezüglich der Realisierung dieser Initiative, die Hoffnungen des deutschen Gesandten.

Da die italienische Balkanpolitik auf eine wirtschaftliche und politische Vorherrschaft östlich der Adria abzielte, mussten sich zwangsläufig auch in Albanien die deutschen und italienischen Interessen kreuzen[6]. Die deutsche Albanienpolitik wollte Handlungen vermeiden, die von den Italienern als unerwünschte Einmischung interpretiert werden konnten[7]. So beschränkte sie sich nur auf zwei Optionen,

---

4 Herzog, Grundzüge der deutschen Besatzungsverwaltung, S. 38–59.

5 Busch-Zantner, Albanien, S. 188.

6 Italien reagierte auf diplomatischem Wege auf jedes Unternehmen der Deutschen in Albanien. So beklagte sich Außenminister Galeazzo Ciano gegenüber Mackensen, dass der deutsche Gesandte in Albanien ihm Sorge bereite, denn er versuche jene Albaner, die Verbindung zu Österreich-Ungarn gehabt hatten, zusammenzuschließen. Dies stelle, so Ciano, eine antiitalienische Spitze dar. Des Weiteren war der deutsche Gesandte den Hochzeitsfeierlichkeiten Cianos ferngeblieben. Die italienischen Klagen erreichten Anfang 1939, also vor der italienischen Invasion, den Höhepunkt, als ein Abgesandter NS-Deutschlands einen Wagen als Geschenk Hitlers an König Zogu nach Tirana brachte. Der Abgesandte wurde von Zogu, der sich wohl der baldigen italienischen Invasion bewusst war, gefragt, ob nicht Deutschland Interesse an der Ausbeutung albanischer Erdölvorkommen habe. Kühmel, Deutschland und Albanien, S. 81–83.

7 Staatssekretär Ernst von Weizsäcker an die Gesandtschaft Tirana: »Bitte im Übrigen um vollste Zurückhaltung. Sie werden keinerlei Akt oder Geste vorzunehmen haben, welche unsere unein-

nämlich den Warenaustausch zu beleben und die deutschen Sprachkenntnisse nicht aussterben zu lassen. Die kulturpolitischen Ziele führten zu Bemühungen der deutschen Gesandtschaft, Stipendien für albanische Studenten im Reich zu ermöglichen. Bezüglich der Intensivierung des zwischenstaatlichen Handels versprach ein Meistbegünstigungsabkommen, das am 21. Dezember 1938 abgeschlossen wurde, einen Anstieg des Warenaustauschs, freilich ohne dass die Hoffnung bestand, albanische Rohstoffe von strategischer Relevanz ausbeuten zu können. Jedenfalls verlor dieses Abkommen vier Monate später mit dem Einmarsch italienischer Truppen in Albanien, den allerdings das Deutsche Reich anerkannte[8], seine Bedeutung.

Die deutsche Okkupation

Festgehalten werden muss an dieser Stelle, dass Albanien vor dem Zweiten Weltkrieg in Hitlers Expansionsplänen und der Südosteuropa-Ideologie des Nationalsozialismus keine besondere Rolle spielte[9]. Nach der Kapitulation Italiens am 3. September 1943 und seinem offiziellem Ausscheiden aus dem Bündnis am 8. September rückte Albanien aufgrund seiner exponierten Lage an der schmalen Straße von Otranto, auf deren gegenüberliegenden Seite die Alliierten standen, immer mehr in den Vordergrund.

Der operative Plan für die Besetzung Albaniens war bereits frühzeitig festgelegt worden, hatte doch die Wehrmachtführung nicht nur mit einer Kapitulation der italienischen Truppen spekuliert[10], sondern auch mit einer Landung der Alliierten auf dem Balkan gerechnet[11]. Das Oberkommando der Wehrmacht schätzte die geografische Lage Albaniens wie folgt ein:

> »Albanien ist im Gegensatz zu Dalmatien von See aus besonders leicht zugänglich und besitzt eine große Zahl von zum Teil gut ausgebauten Flughäfen [...] Der OB [Oberbefehlshaber] Südost hält wegen der Versumpfung der Küste eine Landung im Winter für sehr erschwert, eine Besetzung der Flugplätze dagegen für möglich[12].«

Wie dargelegt, fürchtete die deutsche Führung, dass mit der Kapitulation Italiens ein Vakuum auf dem Balkan entstehen würde. Aus diesem Grund schickte das Oberkommando der Wehrmacht (OKW) am 1. August 1943 Truppen nach Albanien mit dem Auftrag, die albanischen Flugplätze zu besetzen[13]. Weiterhin kam der Wehrmachtführungsstab (WFSt) in der Lagebeurteilung Albaniens am 30. Juli

---

geschränkte Billigung italienischen Vorgehens in Zweifel stellen könnte.« ADAP, Serie D, Bd 6, Dok. 166, S. 168.

8 ADAP, Serie D, Bd 6, Dok. 172, S. 173; Dok. 205, S. 207.

9 Stamm, Zur deutschen Besetzung Albaniens, S. 99.

10 KTB OKW, Bd 3, S. 782–788.

11 Röhricht, Die Entwicklung auf dem Balkan, S. 392.

12 KTB OKW, Bd 3, S. 822.

13 Der ChefdGenSt OB Südost meldete dem Stellv. Chef WFSt am 1. August 1943 um 10.30 Uhr fernmündlich: »Die Besetzung der Flugplätze in Albanien durch hingeflogenes Bodenpersonal, Fallschirmjäger und 1. Btl. ›Brandenburg‹ läuft an.« KTB OKW, Bd 3, S. 877. Die Besetzung der Flugplätze Albaniens in Stärke von je einem Bataillon wurde erst Mitte September abgeschlossen. Ebd., S. 1055.

1943 zu dem Schluss, dass nach den mit den Italienern gemachten Erfahrungen der Einsatz deutscher Kräfte in der Küstenverteidigung, der sich auf die Häfen beschränkte, erforderlich war[14]. Infolgedessen stellte der WFSt alle dafür zur Verfügung stehenden Kräfte zusammen.

Der Truppenmarsch nach Albanien lief jedoch nicht problemlos ab. Am 5. September meldete der OB Südost, dass das Comando Supremo den Einmarsch der 100. Jägerdivision nach Albanien noch nicht genehmigt habe und die Division nicht in das albanische Gebiet hereinlassen wolle[15]. Nachdem Marschall Pietro Badoglio den Abschluss einer Kapitulation Italiens mit den Alliierten bekannt gegeben hatte, wurden am 9. September um vier Uhr morgens die für eine Besetzung Albaniens in Betracht kommenden Truppen marschbereit gestellt[16]. Trotz der frühzeitigen Planung war die Durchführung der Besetzung Albaniens nicht unproblematisch. Für die deutsche Führung war nicht voraussehbar, wie sich die in Albanien stationierten italienischen Divisionen gegenüber der Wehrmacht verhalten würden[17]. Als am 9. September der italienische Oberkommandierende in Albanien die Aufforderung zur Übergabe hinauszuzögern versuchte, entschloss sich der Oberbefehlshaber der 2. Panzerarmee, General Lothar Rendulic, mit einer Kompanie Fallschirmjäger der Division »Brandenburg« am 10. September von Kraljevo nach Tirana zu fliegen und im Handstreich den Oberbefehlshaber der italienischen Heeresgruppe Ost, General Ezio Rosi, gefangen zu nehmen[18]. Da Rosi keinen Kontakt mit Rom hatte[19], er die Stimmung seiner Truppen kannte und mit dem bevorstehenden Eintreffen starker deutscher Verbände rechnete, folgte um 2 Uhr nachmittags im Hotel »Dajti« in Tirana die Unterzeichnung der Kapitulationsurkunde, auf deren Grund die italienische Truppen in Dalmatien, Montenegro und Albanien – etwa 270 000 Mann, darunter 8000 Offiziere – die Waffen ablieferten und sich in deutsche Gefangenschaft begaben[20]. Die deutschen Besatzer versprachen dafür, den Heimtransport der italienischen Soldaten zu organisieren. Entgegen dem Versprechen wurden die Italiener nicht nach Italien verschafft, sondern als Kriegsgefangene dem Arbeitseinsatz zugeführt.

Am 10. September meldete das OKW, dass die Lage in Albanien ruhig sei und die eigenen Bewegungen planmäßig erfolgten[21]. Die Entwaffnung der italienischen

---

14 Ebd., S. 862.

15 Ebd., S. 1063.

16 Kühmel, Deutschland und Albanien, S. 162.

17 Rendulic, Gekämpft, S. 176–179.

18 Ebd., S. 178. Die Einheit »Brandenburg« war eine Abwehrtruppe für Sabotagezwecke und Kommandounternehmen. Dazu mehr in Buchheit, Der deutsche Geheimdienst, S. 307–329.

19 Die von Marschall Pietro Badoglio geführte italienische Regierung war aus Angst vor den Deutschen am 9. September 1943 nach Brindisi geflohen, wo sie einen provisorischen Regierungssitz einrichtete. Es bestanden jedoch Kommunikationsschwierigkeiten mit der Truppe. Badoglio berichtete, er habe versucht, der Truppe auf dem Balkan Richtlinien zu geben, sie sollten sich den Partisanen anschließen und gegen die Wehrmacht kämpfen. Mit der Kriegserklärung Italiens an Deutschland wollte er zwei Ziele erreichen: erstens, dass man die italienischen gefangengenommenen Soldaten nicht als Freischärler behandelte; zweitens wollte er mit der Kriegserklärung seiner Regierung das Vertrauen der Alliierten gewinnen. Badoglio, Italien im Zweiten Weltkrieg, S. 126 f.

20 Rendulic, Gekämpft, S. 180.

21 KTB OKW, Bd 3, S. 1089.

Truppen verlief, bis auf kleine Gruppierungen, welche die Befehle nicht befolgten und die eigenen Waffen an die albanischen Widerstandskämpfer lieferten, problemlos[22].

Bemerkenswert ist die Tatsache, dass im Kriegstagebuch (KTB) des OKW mit keinem Wort über einen albanischen Widerstand berichtet wird. Die albanische Historiografie zumindest behauptet, dass die Mehrheit der Partisanen sich fernab der befahrbaren Straßen befand, dort in Kämpfe gegen die italienischen Truppen verwickelt war und aus diesem Grund nichts gegen die deutsche Besetzung unternehmen konnte[23]. Der albanische Historiker Shyqyri Ballvora stellte hierzu Mitte der 1970er Jahre fest: Die deutschen Truppen, die auf den Verbindungswegen und in den von den Italienern gehaltenen Städten nicht den geringsten Widerstand vorfanden, stießen rasch in das Innere Albaniens vor, besetzten in kurzer Zeit die wichtigsten Städte und standen bald schon an der Adria; die Nationale Befreiungsarmee hatte nicht die Möglichkeit, sich dem Vorstoß der deutschen Truppen zu widersetzen, und ihre Soldaten waren bis zur letzten Minute durch die Kämpfe gegen die Italiener gebunden, die in der Tat für die Einheiten Hitlers, die in Albanien vorstießen, eine Schutzbarriere bildeten[24].

»Die albanische Bevölkerung verhielt sich ruhig, entgegenkommend und war froh von den Italienern befreit zu sein«, berichtete der Kommandierende General in Tirana[25]. Diese Aussage bestätigte auch der Sonderbevollmächtigte des Auswärtigen Amtes für den Südosten und SS-Gruppenführer Hermann Neubacher. Er erinnerte sich, laut Bernd J. Fischer etwas übertrieben[26], an keinen unfreundlichen Akt gegen die Wehrmacht: »Die Albaner wussten sehr gut, dass wir nur aus zwingenden militärischen Gründen einmarschiert waren, um uns vor einem Flankenangriff zu schützen, der vonseiten der Alliierten über die Straße von Otranto drohte«[27].

Fischer scheint Recht zu haben, wenn er betont, dass die albanische Bevölkerung nicht so freundlich gegenüber den deutschen Besatzungstruppen gewesen sein kann, denn laut Hermann Frank, deutscher Offizier und Bataillonskommandeur in Tirana, wurden bereits am ersten Abend der Besetzung von Tirana Angriffe gegen die deutschen Soldaten geführt, bei denen auf deutscher Seite auch Gefallene zu beklagen waren[28]. Der schwierige Schritt, nämlich die militärische Besetzung des Landes, war jedoch ohne bedeutende Verluste vollzogen worden.

Aufbau des Besatzungsregimes – Die politische Befriedung

Der Wehrmachtführungsstab hegte seit längerer Zeit den Gedanken, dass das Ausscheiden Italiens aus dem Krieg für den Balkanraum eine einmalige Chance bieten würde, nämlich die durch bisherige Rücksichtnahme auf italienische Interessen

22 Rendulic, Gekämpft, S. 181.
23 Ballvora, Das Nationalsozialistische Besatzungsregime, S. 12.
24 Ebd., S. 13.
25 Rendulic, Gekämpft, S. 192.
26 Fischer, Albania, S. 166.
27 Neubacher, Sonderauftrag Südost, S. 107.
28 Frank, Landser, S. 56–63.

entstandenen Missstände mittels einer Neuordnung des Balkans zu beseitigen[29]. Ziel der deutschen Führung war es daher, militärische Kräfte für den Einsatz an anderen Fronten einzusparen und des Weiteren die kriegswichtige Produktion an Bauxit, Chromerz, Kupfer, Holz und Nahrungsmitteln zu sichern. Man kam zu dem Schluss, dass die oben genannten Ziele nur durch die militärische und politische »Befriedung« des Balkanraumes erreicht werden konnten[30]. Doch standen dem Deutschen Reich keine ausreichenden militärischen und polizeilichen Mittel für den Einsatz auf dem Balkan zur Verfügung[31]. Bezüglich Albanien beurteilte der WFSt die Lage wie folgt:

> »Im Zusammenhang mit der Befriedung des ehemals jugoslawischen Raumes spielt das albanische Problem eine wichtige Rolle. Diese Albaner sind bisher noch dem Reich zugeneigt. Sie wünschen ihre staatliche Unabhängigkeit. Derjenige, der sie ihnen bringt, ist ihr Freund. Es ist zu erwarten, dass die Anglo-Amerikaner bei der ersten Gelegenheit die albanische Unabhängigkeit verkünden werden. Aus diesem Grund scheint es dringend geboten, von deutscher Seite mit einer entsprechenden Erklärung zuvorzukommen, um zu verhindern, dass die Albaner demnächst auf die Seite der Feinde überschwenken[32].«

Nach dieser Beurteilung setzte sich die Diplomatie in Bewegung: Noch am gleichen Tag befragte Reichsaußenminister Joachim von Ribbentrop den Generalkonsul in Tirana, Martin Schliep, telegrafisch zur Lage in Albanien. Oberstes Bestreben des Reichsaußenministers war die Gründung einer verhandlungsfähigen, deutschfreundlichen Regierung. Sie sollte für Ruhe und Ordnung im Land sorgen und mehr noch die Sicherung der Verbindungslinien übernehmen. Ferner sollte die Regierung dazu beitragen, dass die deutschen Kräfte bei der Verteidigung der Adriaküste entlastet würden. Dazu galt es, diesen Truppen den Rücken von Partisanen freizuhalten. Gegebenenfalls sollte die Unabhängigkeit des albanischen Staates anerkannt werden[33]. Die Aufgabe von Generalkonsul Schliep bestand des Weiteren darin, populäre Politiker zu finden, die mit deutscher politischer und militärischer Hilfe das Land »schnellstens in den Griff« bekommen konnten[34]. Bereits hier aber musste der Generalkonsul seinen Außenminister enttäuschen: Man sollte keine großen Hoffnungen auf eine aktive albanische Mitarbeit setzen[35]. Die Skepsis der Albaner gegenüber den neuen Besatzern war schlicht zu groß.

---

29 KTB OKW, Bd 3, S. 1068. Siehe auch Stamm, Zur deutschen Besetzung Albaniens, S. 100 f.

30 Anatomie der Aggression, Dok. 42, S. 195 f. Siehe auch Stamm, Zur deutschen Besetzung Albaniens, S. 101.

31 Fischer, Kollaborationsregimes, S. 372.

32 Anatomie der Aggression, Dok. 42, S. 198.

33 Stamm, Zur deutschen Besetzung Albaniens, S. 101.

34 Neuwirth, Widerstand, S. 175.

35 Schliep beurteilte am 23. August 1943 die politische Lage Albaniens wie folgt: »die gegenwärtige Regierung Libohova kommt nicht infrage, da sie von Italien eingesetzt ist. Die Organisation zur nationalen Befreiung Albaniens scheidet gleichfalls aus, da in ihr das kommunistische Element stark vertreten ist und da sie Verbindung zu den Feindmächten unterhält [...] Die Nationale Front hat mir jedoch mitteilen lassen, dass die Nationale Front nur die Italiener, nicht aber die Deutschen bekämpfe. Der Bandenführer Abas Kupi dürfte eine entsprechende Haltung einnehmen. Auch kann damit gerechnet werden, dass die meisten kommunistischen Mitläufer sich uns gegenüber zunächst abwartend verhalten werden [...] Bisher sind keine überragenden staatsmännischen Persönlichkeiten hervorgetreten, die allgemeine Autorität oder Popularität besitzen und die

Hermann Neubacher, der Ende August 1943 im Führerhauptquartier zum Sonderbeauftragten des Auswärtigen Amtes für den Südosten ernannt und zur Rechten Hand Ribbentrops auf dem Balkan wurde, schrieb:

»Ribbentrop rief mich in Belgrad an und teilte mir mit, der Führer wünsche ein ›aus eigener Initiative unabhängiges Albanien‹; ich möge mich morgen, am 11. September, zu der deutschen Division nach Elbasan begeben [...] Ich habe mit dieser Division in Tirana einzumarschieren und meinen Auftrag durchzuführen[36].«

Da Neubacher wissen ließ, dass er nur sehr oberflächliche Kenntnisse von der politischen Lage Albaniens habe[37], wurde Franz von Scheiger, ein ausgewiesener Albanienkenner, nach Tirana geschickt[38]. Es war somit an Neubacher, Schliep und Scheiger, die Bildung einer deutschfreundlichen albanischen Regierung herbeizuführen.

Zur Erfüllung der genannten Ziele war eine Zusammenarbeit zwischen Militär und Diplomatie erforderlich, wobei jedoch zu betonen ist, dass die Diplomatie Vorrang genoss. Dennoch war es der Oberbefehlshaber der 2. Panzerarmee, der bis zur Schaffung geordneter Verhältnisse die Befugnisse zur Ausübung der vollziehenden Gewalt im Land inne hatte. Dabei wurde ein sehr klares Vorgehen verfolgt: Die Wehrmacht überschüttete das Land zunächst mit Flugblättern, in denen sie verkündete, nach Albanien gekommen zu sein, um die Albaner vor ihren Feinden und vor dem Kommunismus zu schützen. Sie versicherte: »nichts werde die albanische Unabhängigkeit von Italien, das euch ausgeraubt und uns betrogen hat, in Gefahr bringen«[39]. Unmittelbar nach dem Eintreffen der Wehrmachttruppen in Tirana verkündete ein deutscher General[40], dass es den Truppen leid tue, Albanien besetzen zu müssen und »without first knocking at the door« das Land betreten zu haben[41]. Diese Propagandamaßnahme verdeutlicht einen grundlegenden Wandel in Zielen, Struktur und Methoden der deutschen Besatzung. Die Ziele waren von der Zwangslage diktiert. Die Deutschen machten, im Unterschied zu den Italienern und den Alliierten, nicht nur wenige Fehler, sondern sie lernten auch daraus[42].

---

vor allem nicht dadurch belastet sind, dass sie mit Italien zusammen gearbeitet haben.« Kühmel, Deutschland und Albanien, Dok. 2, S. XIV.

36 Neubacher, Sonderauftrag Südost, S. 105.

37 Ebd.

38 Scheiger war ein ehemaliger österreichisch-ungarischer Generalstabsoffizier. Er hatte über zwanzig Jahre in Albanien gelebt. Er war, so Neubacher, für die Feinheiten der albanischen Stammes-, Sippen- und Familienfragen ein »Lexikon«. Scheiger trug die Uniform eines Majors. Ebd., S. 107.

39 Zit. nach Fischer, Kollaborationsregimes, S. 372.

40 Sein Name wird nicht erwähnt. Häufig werden in den albanischen Quellen und der Literatur statt Namen nur Dienstbezeichnungen benutzt.

41 Fischer, Albania, S. 166.

42 »Many allied moves could have been scripted in Berlin. The Allies, for example, allowed Victor Emmanuel III to continue referring to himself as king of Albania until the beginning of December 1943. The Albanians themselves had deprived him of the crown six weeks earlier, with the goodwill and encouragement of the Germans. The Allies had allowed themselves to be put in a position in which an admitted wrong to a small nation had been righted with German cooperation. Other Allied blunders included the BBC's praising known collaborators for their staunch resistance and the dropping of leaflets over Albania in Greek and Serbian, leaving, not surprisingly, the worst of impressions.« Fischer, Albania, S. 167.

Außerdem propagierten die neuen Besatzer, dass nur jetzt und einzig mit ihrer Unterstützung die »wirkliche« Wiedervereinigung zwischen Albanien und dem Kosovo stattfinden könne[43]. Unmittelbar nach seiner Ankunft in Tirana versuchte Neubacher, diese Vorteile zu nutzen, um bei den Albanern nicht den Eindruck einer militärisch traditionellen Besatzungsstruktur zu erwecken. Dementsprechend wurde statt eines »Militärbefehlshabers in Albanien« die Dienststelle eines »Deutschen Bevollmächtigten Generals in Albanien« eingerichtet[44].

Doch die auf dem Papier erstellten Pläne bewährten sich nicht in der Praxis. Wie Schliep stellte auch Neubacher fest, dass es keine Begeisterung für einen nationalen Aufbruch an der Seite Deutschlands gegeben habe[45]. Er meldete am 12. September an Ribbentrop:

> »Die Ereignisse der letzten Monate und die intensive englische Propaganda haben in Altalbanien, insbesondere in der Hauptstadt, bei der großen Mehrheit der Bevölkerung den Glauben an unsere Niederlage bewirkt. Wir stießen bei einer Reihe aus ihrer früheren Einstellung geeignet erscheinenden Persönlichkeiten in der Frage einer sofortigen nationalen Initiative für ein unabhängiges Albanien auf Zurückhaltung, formale und sogar juristische Bedenken[46].«

Über eine ähnliche Zurückhaltung der Albaner in der Regierungsfrage berichtete auch General Rendulic:

> »Bei der zwanglosen Unterhaltung nach Tisch mit einigen Albanern schnitt ich die Frage der Regierungsbildung an. Ich konnte erkennen, dass sie sich durch die Teilnahme an einer Regierung dem traditionell politisch nahestehenden Großbritannien gegenüber zu kompromittieren fürchteten und dass sich dies nachteilig auswirken könnte, wenn einmal wieder normale Verhältnisse einträten. In dem Gespräch wurde ihnen jedenfalls klar, dass eine Militärregierung, die wir bald einzurichten gezwungen wären, auch bei voller Gerechtigkeit und Billigkeit ihres Handelns niemals die Interessen Albaniens so vertreten und wahrnehmen könnte, wie eine albanische Regierung mit dem entsprechenden Vollmachten[47].«

Obwohl die Gerüchte einer bevorstehenden alliierten Invasion zu Beginn der Besatzung eine Kollaboration hemmten, gelang es den Deutschen letztendlich, fähige Leute auf ihre Seite zu ziehen, wurde den Albanern doch klar, dass die deutschen Truppen eine Zeitlang in Albanien bleiben würden. Besonders erachtenswert ist die Tatsache, dass es vor allem in Neualbanien (Kosovo) von Anfang an ein prodeutsches Klima gab: »Diese Bevölkerung ist sich darüber im Klaren, dass sie aufgrund der Versprechungen der Alliierten an Jugoslawien und Griechenland mit Deutschland

---

43 Ebd.

44 Die Dienstelle wurde nach dem Protest Neubachers neu benannt. Er vertrat die Meinung, dass eine solche Bezeichnung aus Propagandagründen Albanien auf dieselbe Stufe wie die formal souveränen, mit dem Deutschen Reich verbündeten Staaten wie Kroatien und die Slowakei stellen würde. Im Unterschied dazu sah er das Militärverwaltungsgebiet Serbien. Stamm, Zur deutschen Besetzung Albaniens, S. 104 f.

45 Vgl. ebd., S. 103.

46 ADAP, Serie E, Bd 6, Dok. 316, S. 539.

47 Rendulic, Gekämpft, S. 192.

steht oder fällt«, berichtete Neubacher[48]. So fand unter der Parole »Schutz des Landes der Albaner« Mitte September 1943 in Prizren eine Versammlung kosovarischer Politiker statt. In dieser Versammlung, der »Zweiten Liga von Prizren«, wurde beschlossen, sich stark an Hitlerdeutschland zu binden[49]. Die Politiker waren davon überzeugt, dass Deutschland die einzige Garantie für den weiteren Verbleib Kosovos in einem vereinten Großalbanien wäre[50]. Von großer Bedeutung für das Entstehen dieser Liga war Scheiger, der die Versammlung organisiert hatte. Unterstützt wurde er dabei von einem der führenden albanischen Faschisten, dem aus Kosovska Mitrovica stammenden Kosovaren Xhaferr Deva, der inzwischen von seinem Treffen mit Neubacher aus Belgrad nach Prizren zurückgekehrt war. Bei der »Zweiten Liga von Prizren« nahm Scheiger Bezug auf die im Juni 1878 ins Leben gerufene »Liga von Prizren«, deren Initiatoren vornehmlich verhindern wollten, dass albanische Siedlungsgebiete an Montenegro, Serbien und Griechenland abgegtreten wurden, wie es nach dem Russisch-Türkischen Krieg der Frieden von San Stefano (März 1878) festgelegt hatte. Scheiger wollte solcherart ein Erwachen des nationalen Gefühls der Kosovoalbaner erreichen.

Die Bildung des Nationalkomitees

»Das lag in der Luft, aber die Luft war dick«, schrieb Neubacher enttäuscht über die verwirrende politische Lage in Albanien[51]. Dennoch gelang es ihm, angesehene Albaner zu gewinnen. Insbesondere nachdem klar geworden war, dass keine Invasion der Alliierten in Albanien zu erwarten war, nahm die Zahl der Kollaborateure zu[52]. Die herausragendsten dieser Persönlichkeiten waren Lef Nosi, der 1912 bei der Proklamation der Unabhängigkeit in Vlora anwesend war, und der Prior der Franziskaner von Shkodra (Skutari), Pater Anton Harapi. Die bedeutendste Figur aber war der 74-jährige Mehdi Bey Frashëri[53]. Frashëri hatte anlässlich der italienischen Invasion ein kritisches Telegram an Mussolini geschickt, was ihm einen Ehrenplatz bei den Albanern verschaffte[54]. Zwei weitere wichtige Leute, die sich um die Entstehung eines repräsentativen Nationalkomitees – zunächst getrennt – be-

48 ADAP, Serie E, Bd 6, Dok. 316, S. 540.

49 Hadri, Lëvizja Nacionalclirimtare ne Kosovë, S. 332–337.

50 Neuwirth, Widerstand, S. 181.

51 Neubacher, Sonderauftrag Südost, S. 108.

52 Kühmel, Deutschland und Albanien, Dok. 4, S. XVIII.

53 Neubacher über Frashëri: »Als ich mich in den ersten Tagen meiner Tätigkeit im Lande der Skipetaren nach den angesehensten Persönlichkeiten des Landes erkundigte, stellte ich bald fest, dass ein Mann die allgemeinste Achtung genoss: Mehdi Bey Frashëri. Weder Angebote noch Drohungen der Italiener konnten diesen alten kaiserlich-ottomanischen Verwaltungsbeamten bewegen, sich mit der italienischen Annexion abzufinden. Das Gewicht seiner Persönlichkeit veranlasste Italien, ihn nach Rom zu verbringen, wo er mit seiner Tochter Mediha mit beschränkter Bewegungsfreiheit in einem schönen Hotel lebte. Ich ließ ihm nach dem großen Umbruche eine Heinkel 111 zur Verfügung stellen und er kam nach Tirana.« Neubacher, Sonderauftrag Südost, S. 111.

54 Fischer, Kollaborationsregimes, S. 373.

mühten, waren der Großgrundbesitzer Ibrahim Bey Biçaku aus Elbasan, der in Wien studiert hatte, und Xhaferr Deva.

»Um Leute dieser Qualität bei der Stange zu halten«[55], wurde nach deutschem Wunsch pausenlos über die Bildung eines Nationalkomitees verhandelt. Neubacher vermied, ganz der Richtlinie »aus eigener Initiative« folgend, jede persönliche Teilnahme an diesen Verhandlungen[56]. Jedoch schreckte er nicht vor Drohungen zurück, wenn ihm die Verhandlungen zu chaotisch wurden:

> »Unseren Freunden gegenüber betonte ich immer nur die Notwendigkeit, im höchsten Interesse des Landes, der deutschen Wehrmacht und Diplomatie eine verhandlungsfähige Nationalregierung gegenüberzustellen, weil andernfalls Eingriffe in Verwaltung und Wirtschaft vollkommen unvermeidlich wären. Ja, sogar ein von uns nicht gewünschtes Okkupationsregime würde sich nicht vermeiden lassen, wenn nicht verantwortungsbewusste Männer das Schicksal der Nation in die Hand nähmen[57].«

Am 14. September proklamierten die oben genanten Persönlichkeiten[58] die Bildung eines Nationalkomitees sowie die Unabhängigkeit Großalbaniens. In einer von Neubacher entworfenen und von Hitler und Ribbentrop gebilligten Erklärung[59] begrüßte am 24. September die Reichsregierung die Bildung des Nationalkomitees und anerkannte den vom Nationalen Komitee eingesetzten Arbeitsausschuss[60]. Dieser aus 19 Personen bestehende Arbeitsausschuss, »provisorisches Exekutivkomitee« genannt, übernahm die Regierungsgeschäfte. Zum Vorsitzenden dieses Ausschusses wurde Biçaku gewählt; für den Bereich »innere Angelegenheiten« übernahm der seit längerer Zeit als V-Mann der Deutschen tätige Xhaferr Deva die Verantwortung.

Am 16. Oktober 1943 trat, auf gehörigen Druck Neubachers, eine albanische Nationalversammlung zusammen. Sie bestand aus 150 Abgeordneten[61], wobei die meisten nach Scheigers »Geschmack« ausgewählt worden waren[62] – vor allem aus dem Kosovo und Nordalbanien. Diesbezüglich meldete Neubacher an Ribbentrop:

> »Habe Scheiger beauftragt, ohne zu offenkundige Einmischung Vorbereitung in dem Sinne zu betreuen, dass in Bezug auf Personen und Regie bei möglichst kleiner Tagesordnung und Vermeidung endloser Debatten das erwünschte Resultat der Einsetzung einer definitiven Regierung und eines Ausschusses zur Beratung der künftigen Verfassung Albaniens erreicht wird[63].«

---

55 Ebd.

56 Um den Anschein von Druck zu vermeiden, flog Neubacher am 12. September abends nach Belgrad und kehrte am nächsten Tag wieder zurück nach Tirana. Jedoch, wie er selbst betont, »nicht ohne laufende Nachrichten über den Gang der Dinge, auf das Zustandekommen des Nationalkomitees«. Neubacher, Sonderauftrag Südost, S. 109.

57 Ebd.

58 »Es waren über zwanzig Männer mit Namen, die im Lande Achtung genossen. Parteien zählten nicht in diesem Lande.« Ebd.

59 ADAP, Serie E, Bd 6, Dok. 329, S. 559.

60 AQSH, F.151, V.1943, D.33, F.14.

61 Ballvora, Das Nationalsozialistische Besatzungsregime, S. 30, geht von 242 Mitgliedern aus.

62 Die deutsche Politik legte sehr viel Wert auf die Auswahl der Personen. Niemand konnte, dies betont auch Neubacher mehrmals, für einen Posten ohne vorherige Genehmigung Neubachers oder Schlieps ernannt werden. Ballvora, Das Nationalsozialistische Besatzungsregime, S. 30.

63 Zit. nach Kühmel, Deutschland und Albanien, Dok. 4, S. XVIII.

Das Exekutivkomitee veröffentlichte ein Dekret zur Wahl der Repräsentanten während der Versammlung. Neben einer zu kurzen Vorbereitungszeit von nur zwei Wochen bestanden vor allem organisatorische Probleme bei dem Verfahren für die Auswahl der Mitglieder der Versammlung[64]. Berücksichtigt man die oben zitierte Aussage Neubachers und das Auswahlverfahren, dann könnte Shyqyri Ballvora durchaus zuzustimmen sein, wenn er sagt, dass die Versammlungsteilnehmer nicht das ganze Volk repräsentierten, waren die Mitglieder doch »reiche Bourgeois aus Shkodra und Durrës, Großgrundbesitzer aus Elbasan und Berat, ehemalige Abgeordnete des Zogu-Parlaments, hohe Funktionäre aus der Zeit der italienischen Besetzung und andere[65].« Nichtsdestoweniger bestreitet Ballvora nicht, dass die Nationalversammlung eher ein bürgerliches Gewicht hatte. So fanden sich unter den Delegierten mehrere Großkaufleute und bürgerliche Intellektuelle[66].

Als eine ihrer ersten Handlungen löste die Nationalversammlung die Union mit der italienischen Krone auf und machte viele der unter italienischer Herrschaft erlassenen Gesetze rückgängig[67]. Des Weiteren bestätigte die Nationalversammlung die Dekrete vom 1. September 1928, die Albanien zu einer Monarchie erklärt hatten. Sie verkündete, dass Albanien während des Krieges von einer Regentschaft aus vier Personen regiert werden sollte. Die Tagung der Nationalversammlung verlief nicht problemlos: Eine Gruppe von Partisanen der Befreiungsarmee brachte ein erbeutetes italienisches Gebirgsgeschütz in Stellung und nahm das königliche Schloss, in dem die Nationalversammlung tagte, unter Beschuss[68]. Diese Tat war wohl mehr oder weniger symbolisch und es gab keine Verletzten oder Toten. Sie verdeutlichte jedoch den inneren politischen Kampf im Land.

Këshilli i Lartë i Regjencës – Der Hohe Regentschaftsrat

Dem Hohen Regentschaftsrat war aufgetragen, die Befehlsgewalt über die Streitkräfte zu übernehmen und alle anderen Machtbefugnisse auszuüben, die nach dem Statut vom 1. Dezember 1928 dem König, Ahmet Zogu, zugekommen waren.

Zum ersten Vorsitzenden des Regentschaftsrates wurde Mehdi Bey Frashëri gewählt. Seine politische Karriere hatte er als Verwaltungsbeamter auf dem damals

64 Nach der Verordnung sollte jede Gemeinde drei Repräsentanten bestimmen, die gemeinsam mit dem Rat und der Gemeindeversammlung die Mitglieder der Versammlung auswählen sollten. Auf je 10 000 Bewohner entfiel ein Mitglied für die Versammlung. Das heißt, die Versammlung sollte ungefähr 100 Delegierte zählen. Dieses Auswahlverfahren konnte nicht funktionieren, weil es keine Kommunen mehr gab und die Gemeinderäte seit Jahren nicht mehr zusammengerufen worden waren. Daher war es unmöglich, die Mitglieder der Versammlung durch die lokalen Organisationen des Staates zu benennen. Aus diesem Grund wurde beschlossen, dass alle Präfekturen, die bis zum 1. Oktober keine Repräsentantenliste geschickt hatten, durch Kompatrioten aus der Hauptstadt ersetzt würden. Darüber hinaus behielt sich das Exekutivkomitee das Recht vor, Repräsentanten des Klerus, politische Persönlichkeiten und Repräsentanten der Gebirgsregionen Albaniens selbst zu bestimmen. Ballvora, Das Nationalsozialistische Besatzungsregime, S. 30.

65 Ballvora, Das Nationalsozialistische Besatzungsregime, S. 30 f.

66 Ebd., S. 30.

67 Schmidt-Neke, Geschichtliche Grundlagen, S. 49 f.

68 Bajrami, Dokumente, S. 96 (Bericht Scheiger, 18.10.1943).

noch türkischen Balkan begonnen und es bis in den Rang eines Paschas im Libanon und in Ägypten gebracht. Der Vorsitz im Rat sollte abwechselnd geführt werden, was jedoch nie in die Tat umgesetzt wurde. Mehdi Bey blieb ständiger Vorsitzender des Rates. Dies verdankte er dem Umstand, dass sein orthodoxer Kollege Lef Nosi erkrankte und nicht dazu in der Lage war, seinen Pflichten nachzugehen. Ein anderer Kandidat für den Vorsitz, der Provinzial der Franziskaner und Prior in Shkodra, Pater Harapi, lehnte den Vorsitz mit der Begründung ab, dass er als katholischer Priester keine Funktion ausüben dürfe, die ihn zwingen würde, ein Todesurteil zu bestätigen. »Dem alten Pascha war das Recht«, stellte Neubacher dazu fest[69]. Fuad Dibra, ein Sunnit, war das vierte Regentschaftsmitglied. Auch er war als V-Mann der Deutschen tätig und gehörte zu den frühen Kontaktleuten der Abwehr[70]. Es ist der Literatur nicht zu entnehmen, warum er sein Amt als Vorsitzender des Regentschaftsrates nicht angetreten hatte.

Die Regenten und die Nationalversammlung, die als ein eingeschränktes Parlament fungieren sollte, beriefen am 5. November eine Regierung unter Leitung des Vorsitzenden der Zweiten Liga von Prizren, Rexhep Mitrovica, ein[71]. Zur Regierung gehörten Vertreter vieler nationaler Gruppen, einflussreiche Politiker der Vorkriegszeit sowie Vertreter des Klerus[72].

Ballvora weist auf Streitigkeiten und Intrigen bei der Regierungsbildung hin. Die Cliquen und zahlreichen Individuen führten heftige Debatten, um sich Positionen in der Regierung zu sichern: »Die Dinge nahmen einen solchen Gang, dass die Versammlung, um aus der Sackgasse zu kommen, nach Wahl des höchstens Rats ein Exekutivkomitee mit 36 Mitgliedern wählte, die ihre Plätze bis zur Bildung der Regierung besetzen sollten[73].« Eine Aussage Neubachers legt die Vermutung nahe, dass heftige Diskussionen um die Postenverteilung stattgefunden haben. Er meldete Folgendes nach Berlin:

> »Mehdi Frashëri, auf dessen Mitarbeit wir besonderen Wert legen, wäre nunmehr auch bereit, an die Spitze einer von der kommenden Nationalversammlung einzusetzenden definitiven Regierung zu treten, wogegen ich allerdings wegen seines hohen Alters noch gewisse Bedenken habe. Er würde besser in einen Regentschaftsrat passen[74].«

Nach der Regierungsgründung lautete nun die Frage, inwiefern diese Regierung die deutschen Interessen verteidigen konnte und ob sie von der Bevölkerung akzeptiert und unterstützt würde.

---

69 Neubacher, Sonderauftrag Südost, S. 109.

70 Stamm, Zur deutschen Besetzung Albaniens, S. 104.

71 Mitrovica soll laut einem deutschen Bericht zu einem früheren Zeitpunkt der Balli Kombëtar nahe gestanden haben. Auch Hoxha bestätigt diese Tatsache. Kühmel, Deutschland und Albanien, S. 227.

72 Das Regierungskabinett bestand aus folgenden Personen: Der namhafte Kosovare Xhaferr Deva bekleidete den Posten des Innenministers, Wirtschaftsminister wurde Ago Agai, das Außenministerium führte provisorisch der Sohn von Mehdi Bey Frashëri, Vehbi Frashëri, der als Unterstaatssekretär für Äußeres vorgesehen war. Als Minister wurde Mehmet Konica genannt. Er befand sich zu dieser Zeit noch in Rom. Der Albanologe Eqrem Çabej wurde zum Unterrichtsminister ernannt, lehnte dies aber kategorisch ab. Ebd.

73 Ballvora, Das Nationalsozialistische Besatzungsregime, S. 31.

74 Kühmel, Deutschland und Albanien, Dok. 4, S. XVIII.

Die Regierung Mitrovica

Neubacher ermutigte die Regierung, die direkte Kontrolle über den Staat zu übernehmen und Streitkräfte zur Bekämpfung der Nationalen Befreiungsarmee aufzustellen. Mitrovica hingegen konnte dieses Bestreben nicht sofort umsetzen, musste er doch feststellen, dass die Regierung vor vielen Hindernissen stand, die es zu bewältigen galt[75]. Ein erster Schritt zu ihrer Überwindung seitens Mitrovicas war die Aufstellung eines ehrgeizigen Plans[76]. Neben dem Schutz der Unabhängigkeit und der ethischen Grenzen des Staates zählte hierzu auch die Reorganisation des Heeres und der Gendarmerie als eine »heilige Pflicht«, die Wiederherstellung eines funktionierenden Finanz- und Zollwesens sowie einer effizienten Verwaltung, die Einsetzung einer Justiz- und Bildungsbehörde, eine Agrarreform und das Erlangen ausländischer Anerkennung[77].

Das Verhalten gegenüber der deutschen Besatzungsmacht wurde insgesamt als »von Vernunft und nationaler Verantwortung geprägt« dargestellt, doch herrschte nach wie vor auch Anarchie. Schuld daran und an dem Chaos insgesamt »seien die viereinhalb Jahre italienischer Herrschaft, die einen gut arbeitenden albanischen Staatsapparat aus Kolonialisierungsabsichten heraus zerstört habe«, äußerte Mitrovica in seiner ersten Rede[78]. Genauso schuldig waren laut der Regierung auch diejenigen (hiermit waren wohl die Kommunisten gemeint), die dem Wunsch des albanischen Volkes nach Ruhe und Harmonie nicht folgten. Ruhe und Ordnung seien nur durch die Unterstützung der Regierung zu gewährleisten, und gemäß dieser Maxime versuchte die Regierung die Bevölkerung an sich zu binden[79]. Anfänglich erwies sich das Programm als populär und die prodeutsche Propaganda als erfolgreich[80]. Besonders im Kosovo war die prodeutsche Regierung wegen ihrer Vereinigungsbestrebungen hoch geschätzt[81].

---

75 Die italienischen Herrschaftsjahre hatten schwere Spuren hinterlassen. Der Staatsapparat aus der Zeit vor 1939 war vollständig aufgelöst und zerstört worden. Die Armee, die Gendarmerie und das Außenministerium waren nicht mehr dienstfähig. Die Staatsflagge wurde geändert, Städte wurden umbenannt und sogar Familiennamen neu vergeben. Fischer, Kollaborationsregimes, S. 374.

76 Sogar die Feinde Deutschlands waren neidisch auf die Entwicklungen in Albanien. Margaret Hasluck, eine ausgewiesene Albanienkennerin, die lange in Albanien gelebt hatte, und Beraterin der SOE in Kairo war, äußerte: »the lines of government policy would meet with our warm approval if we were not at war with the country whose armed forces now occupy Albania.« Fischer, Albania, S. 175.

77 Bajrami, Dokumente, S. 113–115.

78 Zit. nach Kühmel, Deutschland und Albanien, S. 229.

79 Dementsprechend propagierte sie: »Der Einwand, deutsche Truppen seien im Land; nun, sie halten sich nur für kurze Zeit, vorübergehend hier auf und verfolgen keine eigenen Ziele, außer: ›nicht bezwungen zu werden‹ [...] Können wir die Besetzung durch die deutsche Armee vermeiden? Nein! Können wir sie mit den bloßen Armen verjagen? Nein! Hindert uns die deutsche Armee frei zu handeln und uns zu organisieren? Nein!« Gjeçovi, Pushtimi gjerman në Shqipëri, S. 37.

80 Kühmel vertrat die Meinung, dass die Regierung Mitrovica von 25 bis 30 Prozent der Bevölkerung Zustimmung erhielt, während weitere 25 bis 30 Prozent neutral waren und ca. 40 Prozent in Opposition standen. Kühmel, Deutschland und Albanien, S. 448.

81 Fischer, Kollaborationsregimes, S. 374.

Trotz der anfänglichen Popularität konnte die Regierung Mitrovica im Innern keine Anerkennung ihrer Rechtmäßigkeit erlangen. Und auch andere Staaten anerkannten die albanische Unabhängigkeit nicht. Fischer vertritt die Ansicht, dass eine Anerkennung der Regierung im Ausland zu deren Legitimation im Inneren geführt hätte. Der Hauptfehler der deutschen Albanienpolitik habe darin gelegen, dass sie diese Initiative der albanischen Regierung nicht unterstützt hatte[82]. Versuche der albanischen Regierung, diplomatische Beziehungen mit der Türkei aufzunehmen, ohne sich jedoch mit Schliep abgesprochen zu haben, wurden nicht nur abgelehnt, sondern ließen Berlin aufhorchen. Als Konsequenz erlaubte das Deutsche Reich der albanischen Regierung mit allen unter deutscher Herrschaft stehenden Staaten diplomatische Beziehungen aufzunehmen, was aber in keinem Fall zustande kam[83]. Anscheinend hatte Deutschland selbst kein Interesse an diplomatischen Beziehungen, wurden diese doch mit Albanien offiziell erst Ende Mai 1944 aufgenommen[84].

Des Weiteren führte die Verschlechterung der wirtschaftlichen Lage im Land zu Unzufriedenheit gegenüber der Regierung und den deutschen Truppen. Die Hoffung der Wehrmachtführung, die Verpflegung der Truppe im Lande zu sichern, trieb die Preise hoch und verursachte extreme Verknappungen bei Lebensmitteln.

Auch die erfolgversprechende Agrarreform bestand im Wesentlichen nur auf dem Papier. Dieser Umstand ist vor allem damit zu erklären, dass in der Kollaborationsregierung nur Vertreter saßen, denen eine solche Reform keinen Gewinn gebracht hätte. Trotz ihrer Bemühungen machten die Deutschen den gleichen Fehler wie die Italiener: Sie hatten sich an die traditionelle Elite der albanischen Großgrundbesitzer und Beys gebunden. Diese Menschen hatten mehr gemein mit den Deutschen als mit dem Durchschnittsalbaner[85].

Der deutsche Okkupationsapparat in Albanien

Parallel mit der Etablierung einer prodeutschen albanischen Regierung ging der Aufbau des deutschen Machtapparates in Albanien einher. Die deutsche Befehlsstruktur verzweigte sich innerhalb Albaniens zu einem komplizierten Geflecht mit nebeneinander existierenden Dienststellen. Der Weg politischer Entscheidungen wurde mit der Schaffung des Amtes eines »Sonderbevollmächtigten

---

82 Ebd., S. 175 f.

83 Ebd.

84 In einer Nachricht des Auswärtigen Amtes an den albanischen Außenminister hieß es: »Um die freundschaftlichen Beziehungen zwischen dem Großdeutschen Reich und Albanien zu vertiefen, hat die Reichsregierung übermittelten Wunsch beschlossen, die diplomatischen Beziehungen zwischen den beiden Staaten aufzunehmen. Zu diesem Zweck ist beabsichtigt, das bestehende deutsche Generalkonsulat in Tirana in eine Gesandtschaft umzuwandeln und den derzeitigen Leiter des Generalkonsulats, Herrn Generalkonsul Schliep, zum Gesandten des Reichs zu ernennen. Andererseits wird die Deutsche Regierung gerne einen Albanischen Gesandten in Berlin empfangen.« AQSH, F.151, V.1943, D.33, Fq.14.

85 Fischer, Kollaborationsregimes, S. 375.

des Auswärtigen Amtes für den Südosten« vereinheitlicht[86]. Diese Ernennung deutet auf eine typische Handlungsweise der Nationalsozialisten hin. Die Lösung von Kompetenzfragen und schwierigen Entscheidungen wurde Sonderbevollmächtigten anvertraut. Jedoch war der Anordnung Hitlers: »in engster Zusammenarbeit mit dem Militärbefehlshaber Südost« keine eindeutige Kompetenzabgrenzung Neubachers zum Militärbefehlshaber Südost zu entnehmen. Es hieß:

> »In einer früheren Weisung ist, unter Aufhebung früherer entgegenstehender Befehle, für den serbischen Raum bereits angeordnet worden, dass alle deutschen Dienstellen im Südosten (außer den Dienststellen des Auswärtigen Amtes) dem Militärbefehlshaber unterstellt werden. Die gleiche einheitliche Zusammenfassung und Unterstellung unter den örtlichen Befehlshaber ist sinngemäß auch in den anderen Ländern des Südostens und bei den örtlichen Dienststellen durchzuführen, wobei die politischen Besonderheiten der einzelnen Länder zu berücksichtigen sind[87].«

Wie sich hieraus erschließt, trug der Kommandierende General des XXI. Gebirgskorps in Tirana, der wiederum dem 2. PzAOK unterstellt war, die Befehlsgewalt der militärischen Exekutive in Albanien. In der Anordnung wird ausgeführt, dass die Handhabung von Sühnemaßnahmen mit dem Sonderbevollmächtigten abzustimmen sei und dass auch die höheren SS- und Polizeiführer bei der Ausführung ihrer Aufgaben Weisungen auf politischem Gebiet von diesem erhalten sollten.

Bemerkenswert ist die Tatsache, dass die Wehrmacht, trotz der Bildung der Regierung Mitrovica, somit bis zum 12. November 1943 die höchste Staatsgewalt bildete und die vollziehende Gewalt immer noch beim 2. PzAOK lag. »Die Lage hat noch nicht erlaubt, die vorgesehene Verwaltungsregelung ganz durchzuführen« hieß es dazu im KTB OKW[88]. Dass die höchste Staatsgewalt beim operativen Befehlshaber und nicht beim Bevollmächtigten Deutschen General in Albanien lag, zeigt laut Stamm, wie hoch die Brisanz der Lage in Albanien und die Durchsetzungsfähigkeit der neuen Regierung eingeschätzt wurde[89].

Hitler hatte, wie erwähnt, am 3. Oktober 1943 die Errichtung der Dienststelle eines Deutschen Bevollmächtigten Generals in Albanien befohlen[90]. Dieser hatte die Aufgabe, die Interessen der Wehrmacht gegenüber der albanischen Regierung zu vertreten und auch als Militärberater zu fungieren. In bestimmten Fällen hatte er das Recht, territoriale Befehlsbefugnisse gegenüber allen Waffengattungen

---

[86] In der Anordnung Adolf Hitlers vom 29. Oktober 1943 bezüglich der einheitlichen Führung des Kampfes gegen den Kommunismus im Südosten war zu lesen: »die kommunistische Gefahr im Südosten erfordert eine einheitliche Gegenaktion. Mit der politischen Führung dieser Gegenaktion wird der Sonderbevollmächtigte des Auswärtigen Amtes Gesandter Neubacher, der seine Weisungen vom Reichsaußenminister erhält, im Rahmen seines Südostauftrages beauftragt. Der Sonderbevollmächtigte führt diese Aktion in engster Zusammenarbeit mit dem Oberbefehlshaber Südost und mit dem Militärbefehlshaber Südost. Der Sonderbevollmächtigte erhält den Auftrag, in den einzelnen Ländern des Südostens die nationalen antikommunistischen Kräfte politisch zu organisieren und ihren Einsatz im Kampf gegen die kommunistischen Banden politisch zu lenken. Er allein ist befugt, Verhandlungen mit Bandenführern zu führen, zu genehmigen oder abzulehnen.« Griff nach Südosteuropa, Dok. 116, S. 228 f.

[87] Ebd., S. 229.

[88] KTB OKW, Bd 3, S. 1214.

[89] Stamm, Zur deutschen Besetzung Albaniens, S. 105; KTB OKW, Bd 3, S. 1221.

[90] KTB OKW, Bd 3, S. 1168.

in Albanien zu übernehmen. Weiterhin konnte er in Notfallsituationen, etwa bei Partisanenkämpfen, bestimmte Gebiete zu Operationsgebieten erklären und die vollziehende Gewalt ausüben. Des Weiteren war er befugt, Rechtsverordnungen zu erlassen, Sondergerichte einzusetzen und den Territorialbehörden Weisungen zu erteilen[91].

Wie allgemein üblich, folgten im deutschen Machtbereich der Wehrmacht Einheiten von SS und Polizei. So ernannte der Reichsführer-SS und Chef der deutschen Polizei Heinrich Himmler gegen Ende Oktober 1943 den SS-Brigadeführer und Generalmajor der Waffen-SS und Polizei Josef Fitzthum zu seinem Beauftragten in Albanien. Fitzthum sollte, ohne Befehlsgewalt zu übernehmen, die albanische Regierung als Berater und Organisator für das Polizeiwesen unterstützen[92].

Ferner wurde von Hermann Göring parallel zu den anderen Maßnahmen auch ein Sonderbeauftragter für den Vierjahresplan ernannt. Zur einheitlichen Ausrichtung der im Südostraum angesetzten deutschen Dienstellen und Firmen auf den genannten Zweck bestellte er Franz Neuhausen, Obergruppenführer beim NS-Fliegerkorps, zum Generalbevollmächtigten für den Metallbergbau.

Neuhausens Auftrag kollidierte mit einer von vielen anderen Aufgaben Neubachers, denn in der Anordnung Hitlers hieß es auch: »Die Wirtschaftspolitik im Südosten, insbesondere die Versorgung der Bevölkerung, ist auf die antikommunistische Aktion auszurichten. Der Sonderbevollmächtigte erhält die Vollmacht, die Grundsätze für die Wirtschaftspolitik im Südosten aufzustellen und durchzusetzen[93].«

Neubacher ernannte seinerseits den SS-Oberführer Karl Gstöttenbauer zum Beauftragten für wirtschaftliche Fragen in Albanien. Christoph Stamm wies darauf hin, dass Gstöttenbauer möglicherweise auch eine andere Aufgabe hatte, nämlich die, Vertrauter für seinen vielbeschäftigten Chef zu sein und ständig Augen und Ohren offenzuhalten[94]. Ergebnisse dieses komplizierten Befehls-, Dienststellen- und Repräsentationsaufbaus waren Kollisionen bei der Aufgabenverteilung der deutschen Dienststellen. Dadurch brachen Intrigen auf, mit denen sich die Kontrahenten eigene Spielräume sichern wollten.

Zu den militärischen Maßnahmen

Es wurde bereits ausgeführt, dass der deutsche Einmarsch militärisch effektiv und ohne große Probleme verlaufen war, hatte es doch zunächst keinen bedeutenden Widerstand seitens der Italiener und auch keine feindseligen Aktionen der Albaner (wie auch die albanische Geschichtsschreibung betont) gegeben.

Der für die Besetzung verantwortliche Kommandierende General des XXI. Gebirgskorps richtete seinen Gefechtsstand in Tirana ein[95]. Das Korps unter-

91 AQSH, F.151, V.1943, D.33, Fq.20.
92 Stamm, Zur deutschen Besetzung Albaniens, S. 105.
93 Zit. nach Anatomie der Aggression, Dok. 116, S. 229.
94 Stamm, Zur deutschen Besetzung Albaniens, S. 106.
95 General der Artillerie Paul Bader wurde ab 10. Oktober 1943 durch den General der Panzertruppe Gustav Fehn ersetzt. Stamm, Zur deutschen Besetzung Albaniens, S. 104.

stand der 2. Panzerarmee, diese wiederum der Heeresgruppe F in Belgrad mit dem Oberbefehlshaber und zugleich Oberbefehlshaber Südost, Generalfeldmarschall Maximilian von Weichs. Die in Südalbanien gelegenen Städte Gjirokastra und Korça gehörten operativ zum Gebiet des in Nordgriechenland stehenden XXII. Gebirgskorps im Unterstellungsbereich der Heeresgruppe E. Gemäß KTB OKW bestand das XXI. Gebirgskorps aus der 118. Jägerdivision, der 297. Infanteriedivision (in Aufstellung), der 100. Jägerdivision und der 181. Infanteriedivision (in Antransport)[96]. Ab Mitte Oktober wurde die 118. Jägerdivision durch die 181. Infanteriedivision ersetzt. Diese wiederum wurde später wegen der Ausgliederung Montenegros und der Hafenstadt Kotor (italienisch Cattaro) aus dem Korpsbereich des V. Gebirgskorps übernommen. Somit blieben auf albanischem Boden nur zwei Divisionen stationiert: die 297. Infanteriedivision in Nord- und Mittelalbanien sowie die 100. Jägerdivision in Südalbanien[97].

Wenn man noch die im Raum Janina–Tepelena operierenden und als Eingreifreserve geplante 1. Gebirgsdivision[98] berücksichtigt, ergibt sich eine Zahl von annähernd fünf Divisionen, welche Albanien und Montenegro besetzen sollten. Der gleiche Raum war zuvor unter großen Anstrengungen von acht italienischen Divisionen unter Kontrolle gehalten worden.

Die Hauptaufgabe der deutschen Divisionen bestand zweifellos darin, die Verteidigung der Küste gegen eine eventuelle Landung der Alliierten einzurichten. Dieser Auftrag bedeutete, die wichtigsten Küstenabschnitte zu besetzen, Artilleriestellungen einzurichten oder auszubauen und die von den Italienern übernommenen Küstenbatterien in verteidigungsfähigen Zustand zu versetzen.

Neben den Alliierten waren es auch die Partisanengruppierungen, die eine Gefahr für die Wehrmacht darstellten. Die Region südlich des Flusses Shkumbin galt nach der Kapitulation Italiens als »befreites Gebiet«. In diesem Gebiet stellten jedoch die Partisanen eine ernsthafte Bedrohung für die deutschen Nachschubwege dar. Demzufolge wurden Ende September 1943 in ganz Albanien »Säuberungen« durchgeführt mit dem Ziel, die Operationsgebiete der Partisanen zu durchkämmen und die Partisanen außer Gefecht zu setzen[99]. Diese militärischen Operationen brachten Vor- und Nachteile mit sich. Die albanischen Kollaborateure waren von der harten Vorgehensweise der deutschen Truppen gegen die kommunistisch orientierten Partisanen beeindruckt, eine Vorgehensweise, die nicht mit der italieni-

---

[96] KTB OKW, Bd 3, S. 1160. General Bader und später General Fehn hatten zuerst drei Divisionen, nämlich die 100. Jäger- sowie die 181. und 297. Infanteriedivision, das Grenadierregiment 92 (mot.) und Küstenartillerieeinheiten zur Verfügung. Später wurde die 100. Division abgezogen. Stamm, Zur deutschen Besetzung Albaniens, S. 104.

[97] KTB OKW, Band 4, S. 611. Die albanischen Militärhistoriker machen bezüglich der deutschen Kräftebeurteilung unzutreffende Angaben. Sie gehen von einer Truppenstärke von ungefähr 70 000 deutschen Soldaten in Albanien aus. Diese Truppenstärke kann aber nicht mal für die ersten Tagen der Besetzung zutreffend sein. Am 16. Oktober 1943 gab Schliep in einem Telegramm an Neubacher eine Stärke von 57 000 deutschen Soldaten bekannt. Kühmel, Deutschland und Albanien, S. 207. Bei den deutsch-albanischen Wirtschaftsverhandlungen wird zum gleichen Zeitpunkt eine Zahl von ca. 30 000 Soldaten angegeben. Ebd.

[98] KTB OKW, Bd 3, S. 1214.

[99] Vgl. ebd., S. 1143, 1164, 1175, 1196.

schen zu vergleichen war. Diese Tatsache wirkte auf sie positiv und verstärkte die Zusammenarbeit mit den Deutschen. Der Erfolg dieser militärischen Aktionen wurde jedoch durch die Auswirkungen auf die Zivilbevölkerung relativiert[100].

Wegen der befürchteten Zunahme von feindlichen Aktionen der albanischen Bevölkerung gegen die deutschen Besatzer meldete Neubacher bezüglich der in Albanien doch relativ geringen Truppenzahl deutscher Soldaten an das Reichsaußenministerium:

> »Da unsere militärischen Kräfte neben der Küstenverteidigung innere Sicherungsaufgaben für die rückwärtigen Räume in einem nennenswerten Umfang nicht übernehmen können, bleibt die Mobilisierung der nationalen Kräfte gegen die kommunistische Aktion weiterhin eine Aufgabe von entscheidender Bedeutung[101].«

Für die Mobilisierung, Bewaffnung und Einsetzung der antikommunistischen nationalen Gruppierungen war Hauptmann Erhard Lange verantwortlich. Lange war Angehöriger der Division Brandenburg (Abwehr II) und Führer eines Kommandotrupps in Stärke von 80 Mann. Er erhielt im August 1943 folgenden Auftrag: »Aufbau nationaler albanischer Bandeneinheiten zum Sicherungseinsatz der deutschen Nachschubstraße Tirana–Elbasan–Struga–Bitola, Gefechtstand in Tirana«[102]. Hauptmann Lange, der von der albanischen Geschichtsschreibung für viele Repressalien gegenüber der albanischen Zivilbevölkerung verantwortlich gemacht wird[103], übte seine Tätigkeit in Albanien bis Ende Januar 1944 aus.

---

[100] Bezüglich dieser Vorkommnisse in Korça schrieb der albanische Außenminister am 3. Dezember 1943 an Schliep: »Indem ich Bezug nehme auf die Unterredung, die Sie mit dem Herrn Regentschaftspräsidenten über die gegenwärtige Lage im Bezirk Korca hatten, habe ich die Ehre, Sie zu bitten, beim Deutschen Oberkommando dahin zu intervenieren, dass den militärischen Dienststellen in Korca die notwendigen Befehle erteilt werden, damit den Gewaltakten, die durch deutsche Soldaten im Laufe der Kampfhandlungen in dem genannten Bezirk begangen sind, ein Ende gesetzt wird. In einigen Fällen haben deutsche Soldaten grundlos unschuldige Einwohner und Ortschaften angegriffen, wo es nicht notwendig war, Handlungen vorzunehmen.« Europa unterm Hakenkreuz, Bd 6, Dok. 217, S. 290. General Fehn nahm die albanischen Vorwürfe nicht ernst und antwortete, dass die Beschwerde zu unpräzise gewesen sei und demzufolge eine Nachprüfung nicht möglich sei. Außerdem existierte auch ein Befehl von Generaloberst Alexander Löhr, OB Südost, vom 14. Juli 1943, der die Kommandeure zu harten Maßnahmen verpflichtete: »Bei allen Vergeltungsmaßnahmen ist zu beachten: Rücksichtloser Kampf und Vergeltung haben sich möglichst nur gegen die feindselig eingestellte Zivilbevölkerung zu richten [...] Die Rücksichtnahme darf jedoch nicht dazu führen, dass wenn z.B. in einer Ortschaft deutsche Truppen beschossen wurden, nichts erfolgt, weil der Täter selbst nicht einwandfrei ermittelt wird. In derartigem Fall muss mit Sühnemaßnahmen durch sofortige Festnahme und Erschießen, noch besser öffentliches Erhängen einflussreicher Persönlichkeiten der Ortschaft begegnet werden.« Griff nach Südosteuropa, Dok. 112, S. 223.

[101] Zit. nach Kühmel, Deutschland und Albanien, S. 239.

[102] Zit. nach Kurowski, Deutsche Kommandotrupps, S. 226.

[103] Hierzu Frashëri, The History of Albania, S. 309: »On February 4, under the direction of the German Hitlerite captain Lange, the German-quisling police, with the participation of ›National Front‹ members, who had joined the ranks of the collaborative police, carried out a still more heinous crime – the butchering of 84 peaceful citizens of Tirana in front of their very homes without the least formality.« Kurowski berichtet, dass Lange wegen einer schweren Verletzung bei einem Unfall Ende Januar 1944 Albanien verlassen habe. Kurowski, Deutsche Kommandotrupps, S. 227. Wenn man Kurowski Glauben schenkt, kann Hauptmann Lange demzufolge für die »Februarmassaker« nicht zur Verantwortung gezogen werden. Stamm macht den albanischen Innenminister Deva dafür verantwortlich: »Nach einem missglückten Attentat auf Deva am 3. Februar 1944, bei dem ei-

Grob gesehen existierten in Albanien im Jahre 1943 drei nichtkommunistische militärische Gruppierungen, die sich auf die Seite der Deutschen stellten oder sich zumindest neutral gegenüber ihnen verhielten und sich für eine Zusammenarbeit bereit erklärten. Zunächst waren da die Kämpfer der Balli Kombëtar. Sie werden in den zeitgenössischen deutschen Berichten als »nationale Banden« beschrieben. Am 8. Oktober 1943 berichtete Neubacher:

> »Nationale Banden, welche sich zur Zeit der italienischen Besatzung gegen die Achse und für England erklärt haben, haben durch maßgebliche Führer über Mehdi Frashëri sagen lassen, dass sie keinen feindlichen Akt gegen deutsche Soldaten begehen werden. Eine dieser Formationen erklärte sich zur Aufnahme des Kampfes gegen die kommunistischen Banden bereit[104].«

Bis zur Konstituierung der Nationalversammlung verhielt sich Balli Kombëtar wegen innerer Umorientierungen abwartend und neutral. Schliep meldete Ende Oktober eine enge Anlehnung der Ballisten an die deutschen Truppen, wobei er die Gefahr betonte, dass für die Ballisten die Waffenlieferungen im Vordergrund stünden, nicht die Kooperation mit den Deutschen[105]. Jedoch unterstützten Ballistenkräfte bei den ersten großen Säuberungsunternehmen in Südalbanien Ende Oktober 1943 die deutschen Einheiten[106]. Zwar war dies kein reguläres militärisches Bündnis und es galt nicht für die gesamte heterogene Organisation der Balli Kombëtar, aber es war der Beginn einer Zusammenarbeit.

Das Verhalten der anderen Gruppe, der von Major Abaz Kupi geführten »Legaliteti«, ist ebenfalls als neutral zu bezeichnen. Er »blieb mit angeblich tausend und mehr Anhängern im Raum zwischen Tirana und Scutari [Shkodra] im Walde; bei ihm waren auch englische Verbindungsoffiziere. Wir ließen ihn in Ruhe und er uns«, so Neubacher[107].

Des Weiteren bemühte sich Hauptmann Lange um Unterstützung durch die nordalbanischen Bergstämme. Von diesen Bergstämmen wurden später, gemäß deutschen Angaben[108], vierzehn nicht homogene militärische Formationen an die Seite der deutschen Wehrmacht gestellt.

Besonders wichtig war die Kollaboration der Mirditaführer. Die katholischen Mirditen gehörten zu den einflussreicheren Stämmen Nordalbaniens und hatten während des Ersten Weltkrieges mit der k.u.k. Armee und später mit den Italienern

ner seiner Neffen ums Leben kam, wütete seine kosovanische Miliz einen Tag und eine Nacht, was 84 Menschen eben kostete.« Stamm, Zur deutschen Besetzung Albaniens, S. 112. Diese Meinung vertritt auch der albanische Historiker Uran Butka. Er äußert, dass dieses Massaker, befohlen von Innenminister Deva, von Xhelal Staravecka und Irfan Ohri durchgeführt wurde. »Selbstverständlich wurde alles mit deutscher Billigung gemacht, aber ohne deren direkte Teilnahme«, so Butka, Lufta civile në Shqipëri, S. 316.

104 Zit. nach Kühmel, Deutschland und Albanien, Dok. 4, S. XVIII.

105 Fischer, Albania, S. 184. Zusätzlich dazu meldete die Abwehrstelle in Tirana im November 1943: »Die Stellung der Ballisten zu den Deutschen ist unklar [...] Sie arbeiten teils offiziell – teils inoffiziell mit den Deutschen zusammen, um bei einer Invasion der Alliierten umzuschwenken und dadurch die Unterstützung der Alliierten zu gewinnen.« Europa unterm Hakenkreuz, Bd 6, Dok. 233, S. 304.

106 Neuwirth, Widerstand, S. 161.

107 Neubacher, Sonderauftrag Südost, S. 109.

108 Kühmel, Deutschland und Albanien, Dok. 17, S. LIII.

zusammengearbeitet[109]. Die Vermutung, dass die Bajraktaren (Stammesführer) der nordalbanischen Mirditenstämme wegen Geld und Waffen mit den Deutschen zusammenarbeiten würden, erwies sich als richtig. Nach erfolgreichen Verhandlungen erklärten sie sich bereit, die Sicherung der strategisch wichtigen Straße von Prizren über Kukës und Puka nach Shkodra zu gewährleisten[110].

In Neualbanien kollaborierten erste albanische Einheiten bereits seit dem deutschen Einmarsch im September 1943 mit der Wehrmacht. Teile dieser Truppen übernahmen Sicherungsaufträge und der Rest sollte nach Tirana marschieren, um die »Freiheitsbewegung in Schwung zu bringen«. Dementsprechend traf Ende September 1943 ein freiwilliges kosovarisches Milizbataillon in einer Stärke von 600 bis 700 Mann in Tirana ein, das dort später wegen seiner Brutalität traurige Berühmtheit erlangte. Zum Bedauern der provisorischen Regierung war zu dieser Zeit die Einheit das einzig effiziente militärische Mittel, das dem Willen der Exekutive Nachdruck verleihen konnte.

Aus diesem Grund versuchte die Wehrmacht, unabhängig von Langes Auftrag, den neuen albanischen Staat beim Aufbau einer militärischen Exekutive zu unterstützen. Bereits Anfang Oktober 1943 gelang es dem Oberkommando der Wehrmacht, fünf albanische Bataillone aufzustellen, deren Stärke insgesamt 4800 Mann betrug. Dabei beabsichtigte der Deutsche Bevollmächtigte General in Albanien die Aufstellung von je einem Milizbataillon in Elbasan, Tirana, Kukës und Prizren[111]. Diese Truppen sollten von den deutschen Divisionen betreut werden und mussten zu Propagandazwecken, aufgrund der Rücksichtnahme auf die nationale Empfindlichkeit der Albaner, zumindest formal dem albanischen Innenminister unterstellt bleiben; und sie durften nicht außerhalb Albaniens verwendet werden. Obwohl dieses Projekt Ende November noch in den Ansätzen steckte, wurde in Regierungskreisen die Hoffnung geweckt, dass ein albanisches militärisches Gegengewicht zu den kommunistisch geführten Partisanen entstehen könne.

SS-Brigadeführer Fitzthum versuchte, sämtliche albanische bewaffnete Verbände unter die Kontrolle der SS zu bringen. Seit dem Frühjahr 1944 wurde mehr oder weniger durch Zwangsrekrutierung[112] mit der Aufstellung einer albanischen SS-Gebirgsdivision (Skanderbeg) unter SS-Standartenführer August Schmidhuber begonnen. Kennzeichnend für die Kampfmoral dieser Truppe ist ein Schreiben von Fitzthum an Himmler vom 23. Mai 1944. Er berichtet, dass die gegen die Banden eingesetzten Bataillone der albanischen Regierungstruppen und der Truppengendarmerie völlig versagt hätten. Infolgedessen hatte Fitzthum vier Bataillone aufgelöst und einen

---

109 Fischer, Albania, S. 184.

110 Im KTB OKW ist verzeichnet, dass am 8. Oktober 1943 Neubacher ca. 30 000 erbeutete italienische Waffen verlangte. An wen die Waffen geliefert werden sollten, ist der Notiz nicht zu entnehmen. Die Frage, ob diese Gewehre für die nordalbanischen Stämme bestimmt waren, bleibt daher offen. KTB OKW, Bd 3, S. 1184. Es ist möglich, dass auch Einheiten der Balli Kombëtar davon profitiert haben.

111 Kühmel, Deutschland und Albanien, S. 222.

112 Einem Bericht ist zu entnehmen, dass die albanische Regierung die entsprechenden gesetzlichen Voraussetzungen schaffen sollte, um die Jahrgänge 1920–1924 einzuberufen und der Waffen-SS zur Verfügung zu stellen. Diese Einberufungen dürften ca. 50 000 Mann ergeben haben. Kühmel, Deutschland und Albanien, Dok. 9, S. XXVI.

Bataillonskommandeur festnehmen lassen[113]. Zudem bezeichnete er die albanischen Soldaten, ohne dies zu begründen, als »feige«, »charakterlos« und »unbelehrbar«[114]. Bei einer Besprechung zwischen SS-Brigadeführer Fitzthum und dem deutschen General in Albanien entschloss man sich, dass eine Neuaufstellung der albanischen Miliz und Gendarmerie aus versorgungstechnischen Gründen zunächst nicht durchgeführt werden könne[115]. Zwar werden sie in den späteren Berichten über den Partisanenkampf erwähnt, es handelte sich dabei aber um Teile der ehemals faschistischen albanischen Miliz und um albanische Freischärlerverbände, die unter der Leitung lokaler nationalistischer Freikorpsführer, von Beys oder Stammesführern Selbstschutzaufgaben übernahmen und von der deutschen Wehrmacht unterstützt wurden. Martin Broszat äußerte die Überzeugung, dass es eine albanische Miliz, die organisatorisch als angegliederter Verband einen Teil der Wehrmacht oder der SS bzw. Polizei dargestellt hätte, in Albanien offenbar nicht gab. Auch die albanische SS-Division »Skanderbeg« hatte in dieser Hinsicht den Status eines der Wehrmacht angeschlossenen Verbandes[116].

Die albanische Regierung zwischen »relativer Neutralität« und »relativer Souveränität«

Nach den Kriterien des Völkerrechts lässt sich für den Untersuchungszeitraum kaum von einer wirklichen Unabhängigkeit und eigenständigen Wiederaufrichtung des albanischen Staates sprechen[117]. Wie ernst die Reichsregierung die Unabhängigkeit der Albaner wirklich nahm, wird aus der schon erwähnten Begebenheit deutlich, wonach erst im Juli 1944 die diplomatischen Beziehungen mit Albanien aufgenommen wurden. Wie bitter dies auch sein mochte, die albanischen Kollaborateure um Mehdi Frashëri nahmen die Versprechungen einer Unabhängigkeit ernst und bemühten sich um eine internationale Anerkennung Albaniens.

Zunächst galt es, die Neutralität Albaniens zu proklamieren und international anerkennen zu lassen. Als Vorbild diente der Regierung das seit 1922 als unabhängiges Königreich anerkannte Ägypten, das sich im Krieg für neutral erklärt hatte, aber die englischen Truppen auf ägyptischem Boden dulden musste. Dementsprechend unterbreitete Frashëri am 7. Oktober 1943 zwei Vorschläge zur Neutralität Albaniens. Der erste Vorschlag lautete: »Deutschland und Alliierte anerkennen die Neutralität des albanischen Staates, wodurch Albanien für beide Teile als Kriegszone ausscheidet[118].« Neubacher erklärte sofort »die offenbare Unmöglichkeit der Verwirklichung

113 Vgl. ebd., Dok. 10, S. XXVII. Eine andere Ansicht vertrat der General der Waffen-SS Phleps: »dass sich das albanische Regiment, das bisher im Rahmen der 13. b.u.h. Gebirgsdivision dient, hervorragend geschlagen habe, und das beste Regiment dieser Division sei. Es habe sich ganz besonders im Bandenkampf in Gebirgsgegenden bewährt.« Ebd., Dok. 9, S. XXVI.

114 Ebd., Dok. 10, S. XXVII.

115 Broszat, Albanische Milizen, S. 347.

116 Ebd.

117 Stamm, Zur deutschen Besetzung Albaniens, S. 106.

118 ADAP, Serie E, Bd 7, Dok. 28, S. 57.

eines so schönen albanischen Traumes«[119]. An dessen Erfüllung kann auch Frashëri selbst nicht ernsthaft geglaubt haben. Als zweite Möglichkeit schlug Frashëri im Hinblick auf die Feindpropaganda eine Formulierung mit neutralem Charakter im Sinne eines unabhängigen Albaniens vor, welche über den Begriff »nicht kriegführend« hinausgehe. Neubacher erkannte die politische Bedeutung dieser Aussage und nahm dazu wie folgt Stellung:

> »Ich anerkenne die politische Bedeutung einer solchen Formulierung im Hinblick auf eine Feindpropaganda, welche den Albanern vor Augen hält, dass sie in Gefahr sind, von Deutschland zum Fronteinsatz herangezogen zu werden. Deutschland hat keinerlei Absicht, in Albanien Soldaten gegen seine äußeren Feinde auszuheben oder den albanischen Staat überhaut an seiner Seite in den Krieg zu ziehen. Selbstverständlich rechnen wir damit, und wir haben auch jede Bereitwilligkeit für diesen Zweck gefunden, dass die Albaner in ihrem eigensten Interesse für die innere Sicherheit ihres Landes sorgen, unsere Nachschubwege bewachen und gegen die Kommunisten zu den Waffen greifen[120].«

Mehdi Frashëri konnte zwischen den Zeilen lesen, dass ohne Berücksichtigung der deutschen Interessen seine Politik keinen Erfolg erzielen würde, weswegen er im Januar 1944 erneut zu verhandeln versuchte. Dieses Mal war eine stärkere Berücksichtigung deutscher Interessen spürbar. Er erklärte, dass Albanien sich im Zustand einer »relativen Neutralität« befinde und alles tun würde, um die Sicherheit der deutschen Wehrmacht zu gewährleisten. Des Weiteren betrachte Albanien Agenten der Kriegsgegner Deutschlands als subversive Elemente und erklärte sich bereit, diese *agents provocateurs* zu verfolgen und »unschädlich« zu machen.

Der »relativen Neutralität« stellte Neubacher die »relative Souveränität« gegenüber. Er brachte zum Ausdruck, dass Deutschland an seiner Politik eines unabhängigen Albanien unter gewissen Bedingungen festhalte. Albanien hatte Zugeständnisse in der Versorgung und bei der Finanzierung der im Land stationierten deutschen Truppen zu machen und in verantwortlichen Stellen nur Personen zu dulden, deren Loyalität der deutschen Wehrmacht gegenüber unter allen Umständen gewährleistet war[121]. Klarer konnte Neubacher kaum ausdrücken, dass das deutsche Interesse an einem neuen Staat Albanien nur Teil der deutschen militärischen Interessen war.

Wie bereits erwähnt, begrüßte das Reichsaußenministerium formal die politischen Entwicklungen in Albanien, zeigte sich in der gesamten vierzehnmonatigen deutschen Besatzungszeit jedoch niemals dazu bereit, faktische Souveränität zu gewähren und eine tatsächliche Unabhängigkeit zuzulassen. Die Notwendigkeit einer Marionettenregierung, die die Impulse von Deutschland zu bekommen hatte, wurde Ende September 1943 mit hoher Wahrscheinlichkeit von Ribbentrop selbst skizziert. So heißt es in einer Notiz an den Führer:

> »Wir lassen das Nationale Komitee, das sich in Albanien gebildet und einen Arbeitsausschuss für die Regierungsgeschäfte eingesetzt hat, weiter tätig sein. Diese Organisation hat sich zur Zusammenarbeit mit uns bereit erklärt. Wir werden sie dazu benutzen, um die

[119] Ebd.
[120] Ebd., S. 57 f.
[121] ADAP, Serie E, Bd 8, Dok. 139, S. 378.

Herstellung von Ruhe und Ordnung in Albanien zu fördern und dadurch die deutsche Wehrmacht von Sicherheitsmassnahmen im Lande möglichst zu entlasten[122].«

Der albanischen Regierung war bewusst: Selbst wenn ihr die Anerkennung der Neutralität vonseiten des Deutschen Reichs gelingen würde, hätte dies keine Bedeutung, wenn nicht auch die Kriegsgegner Deutschlands sich dazu bereit erklärten. Demzufolge dokumentierte die albanische Regierung ihren Anspruch auf Neutralität und Unabhängigkeit dadurch, dass sie einen Sitz in der Alliierten Kontrollkommission für Italien forderte. Verständlicherweise reagierten die Alliierten auf diese Forderung nicht. In der Tat hatten die Alliierten im Dezember 1942 die Freiheit und Unabhängigkeit Albaniens als ein Ziel formuliert, jedoch war diese in ihren Augen mit der Schaffung eines Marionettenstaates unter deutschen Truppen nicht mehr möglich[123]. Als Anfang Dezember 1943 die albanische Regierung über Radio Tirana einen Appell an die Alliierten richtete, mit Rücksicht auf die unschuldigen Zivilopfer die Jagdbombenangriffe auf den Straßenverkehr einzustellen, antwortete ein amerikanischer Sender, dass Albanien behaupte, ein unabhängiges und neutrales Land zu sein, auf seinen Flugplätzen aber deutsche Maschinen dulde, die die Alliierten angriffen[124].

Nichtsdestoweniger sahen sich die Alliierten aufgrund der militärischen Entwicklungen in Albanien gezwungen, mit der albanischen Regierung Verbindung aufzunehmen und indirekt an die albanische Neutralitätserklärung anzuknüpfen. Anfang Juni 1944 warnte der Oberkommandierende der alliierten Streitkräfte im Mittelmeer, Sir Maitland Wilson:

»Wie ich erfahren habe, völkerrechtswidrig beabsichtigt [sic] Regierung von Tirana Truppen zu rekrutieren, um der deutschen Armee bei ihren Operationen auf dem Balkan beizutreten. Dies ist ein Akt der Feindseligkeit gegen die alliierten Staaten und wir möchten die verantwortlichen Männer an die unvermeidlichen Folgen solcher Akte erinnern[125].«

Die albanische Regierung antwortete darauf, dass sie niemals rekrutiert habe und rekrutieren würde, um der deutschen Wehrmacht auf dem Balkan Hilfe zu leisten. Zudem erklärte sie, dass sie weder eigene Streitkräfte außerhalb Albaniens unterhalte, noch dass sie beabsichtige, welche dorthin zu schicken[126].

Inwieweit Albanien de facto unabhängig war, zeigte die Reaktion deutscher Dienststellen:

»Es erschien dem Herrn RAM [Reichsaußenminister] nicht verständlich, wie die Regierung eines Landes, das seine Unabhängigkeit ausschließlich einem Akte großzügiger Politik des Deutschen Reiches verdankt, sich, wie dies in der vorliegenden Veröffentlichung der Fall ist, mit unseren Feinden in das Gespräch über bzw. gegen uns einlassen kann[127].«

Dass die albanische Marionetteregierung, trotz des scheinbaren Eigenantriebs, nur auf deutsche Entscheidungen angewiesen war, wurde zuletzt während

[122] Zit. nach Kühmel, Deutschland und Albanien, Dok. 3, S. XVI.
[123] Stamm, Zur deutschen Besetzung Albaniens, S. 107.
[124] Ebd.
[125] ADAP, Serie E, Bd 8, S. 142.
[126] Ebd.
[127] Ebd.

der Regierungskrise im Juli 1944 demonstriert, als Mehdi Frashëri eine Kabinettsumbildung ohne deutsche Beteiligung plante.

Die Polarisierung der politischen Kräfte im Land

Mit der Konstituierung des Kabinetts Mitrovica endete die Phase der Herausbildung der deutschen Herrschaft in Albanien. Der zunehmende Antagonismus zwischen der Nationalen Front (Balli Kombëtar) und der Nationalen Befreiungsfront (Fronti Nacionalçlirimtar, FNÇ) erwies sich als einer der günstigsten Faktoren für die deutsche Politik in Albanien. Die deutschen Versprechungen gegenüber den albanischen Politikern, dass die deutsche Besatzung Albaniens nur aus militärischen Gründen erfolge, verbunden mit der Garantie eines unabhängigen Albanien, weckte bei den albanischen Nationalisten die Hoffnung, eine relativ unabhängige Innen- und Außenpolitik betreiben zu können. Die vermeintliche Unabhängigkeit erschien offenbar auch den Ballisten als ausreichend, sodass sie nicht die Konfrontation mit den deutschen Besatzungstruppen suchten, sondern sich zunächst mit der Realität der Fremdherrschaft abfanden. Die deutsche Argumentation, dass im Land Ruhe und Ordnung herrschen müsse, deckte sich mit den Wünschen der nationalen Kräfte außerhalb der Partisanenbewegung. In der Geschichte der Partei der Arbeit Albaniens steht geschrieben:

> »Der Übergang der gesamten Reaktion an der Seite der deutschen Okkupanten zum offenen Angriff gegen die Nationale Befreiungsarmee und die Nationale Befreiungsfront bewies, dass innerhalb der politischen Kräfte des Landes eine tiefe Differenzierung stattgefunden hatte [...] Die revolutionäre Bewegung siebte diese Kräfte durch und schied sie in zwei Blöcke, die sich als Todesfeinde gegenüberstanden[128].«

Auf der einen Seite stand die revolutionäre Bewegung und auf der anderen die gesamte Reaktion, etwa »Grundbesitzer, Clan-Häuptlinge, Bauern, der reaktionäre Teil der Intelligenz und des Klerus«[129], genauer: die Anhänger der Balli Kombëtar und der Legaliteti. Die letzte Gruppierung bildete an sich, so die Geschichte der Partei der Arbeit Albaniens, keinen unabhängigen Block, sondern stand im Dienst der Okkupanten[130]. Diese Äußerungen sind jedoch kritisch zu betrachten, bedenkt man, dass sie auf Oktober 1943 datiert sind. Demzufolge wurde die neutrale Haltung der Balli Kombëtar gegenüber den Deutschen mit der Behauptung gleichgestellt, dass sie im Dienste der Deutschen standen. Auch Formulierungen wie »die Nazis gaben Abaz Kupi und der Legalität bereitwillig jede Hilfe und Unterstützung, obwohl sie wussten, dass diese Anhänger Englands waren«[131], können für diesen Zeitpunkt nicht zutreffend sein. Ende Oktober 1943 fand im Dorf Shengjergji in der Nähe von Tirana ein Treffen zwischen dem englischen Brigadier Edmund F. Davies, Abaz Kupi und führenden Persönlichkeiten der Balli Kombëtar wie Mithat Frashëri, Vasil

[128] Historia e Partisë së Punës së Shqipërisë, S. 196.
[129] Ebd.
[130] Ebd., S. 197.
[131] Ebd., S. 195.

Andoni, Halil Maçi und Osman Mema statt. Ziel dieses Treffens war die Vereinigung aller nationalistischen Kräfte im Kampf gegen die Okkupanten. Jedoch konnte die antifaschistische Grundlinie der Politik der verschiedenen Machtgruppen gegenüber der deutschen Besatzungsmacht die Kluft zwischen den divergierenden innenpolitischen Ambitionen von Kommunisten, Ballisten und Zogisten nicht überbrücken. Die Versuche Davies', die drei wichtigsten antideutschen Gruppen zu einem gemeinsamen Vorgehen zu bewegen, endeten in einer Sackgasse[132]. Diesen Ereignissen folgend ist anzunehmen, dass in der ersten Novemberhälfte 1943 der Krieg zwischen den beiden verfeindeten Gruppierungen Realität wurde[133].

Bernhard Kühmel schrieb:

> »Die opinio communis der meisten westlichen Autoren in den 50er und 60er Jahren sah im zweckrationalen Kalkül Enver Hoxhas die Ursache der misslungenen Einigungsbemühungen; der ›Macchiavelli des Balkans‹ habe gezielt die konkurrierenden Parteien eliminieren wollen, um das Machtmonopol der K.P. für die Zeit nach der deutschen Herrschaft zu sichern[134].«

Es ist unbestreitbar, dass Hoxha nach dem Krieg an einer Alleinherrschaft interessiert war, jedoch nur ihm die Schuld am Scheitern der Zusammenarbeit zwischen diesen beiden Gruppen zuzuschreiben, entspräche nicht der ganzen Wahrheit. Dazu ist eine kritische Betrachtung der Politik der Balli Kombëtar im Herbst 1943 erforderlich. Zunächst ist zu betonen, dass die Unterlagen der deutschen Dienststellen in Albanien die Behauptungen der Balli Kombëtar, dass sie gegen die Wehrmacht bewaffnete Aktionen durchgeführt habe, als äußerst zweifelhaft erscheinen lassen. Im Gegensatz dazu sind den Unterlagen des XXI. und XXII. Armeekorps schon während der ersten Wochen der deutschen Besatzung enge Kontakte der Wehrmacht zu den »nationalen Banden« bzw. zu Balli Kombëtar zu entnehmen:

> »Die Ballisten [...] wollen die Aufrichtung eines kommunistischen Regimes in Albanien um jeden Preis verhindern und schließlich eine Kräftereserve gegen Jugoslawien und Griechenland bereithalten [...] Die Stellung der Ballisten zu den Deutschen ist unklar [...] Sie arbeiten teils offiziell – teils inoffiziell mit den Deutschen zusammen, um bei einer

---

132 Davies hatte zunächst versucht, Hoxha in einem Gespräch davon zu überzeugen, dass die Partisanen nicht gegen die Ballisten kämpfen sollten. Nach langer Diskussion versprach Hoxha, gegen Balli Kombëtar nicht zu kämpfen, wenn die Ballisten ein Abkommen unterzeichnen würden, »to fight the German wholeheartedly«. Als Davies den Ballisten und Abaz Kupi das Versprechen Hoxhas bekannt machte, erregte dies anfänglich »Aufruhr und eine sehr feindselige Atmosphäre«. Offenbar gelang es dem Briten, von den Mitgliedern des ZK der Balli Kombëtar eine Deklaration unterzeichnet zu bekommen, die die Deutschen nunmehr hundertprozentig (»wholeheartedly«) bekämpfen zu wollen und ihrerseits die Auseinandersetzungen mit der FNÇ zu beenden. Allerdings ist es zweifelhaft, ob die Ballisten dies ernst gemeint hatten oder in gleicher Weise wie Hoxha blufften. Als Davies über diese Ereignisse Hoxha berichtete, geriet Hoxha außer sich. Er lehnte die Zusammenarbeit ab und erklärte, dass die Ballisten mit dem Okkupator liiert wären und die FNÇ sich im Kampf mit ihnen befände. Mit anderen Teilen der Balli Kombëtar, die ihren Fehler einsähen und Beweise für ihren Willen zum Kampf gegen den Feind gäben, wolle man allerdings arbeiten. Hibbert, Albanian's National Libertation Struggle, S. 115 f.

133 Butka, Lufta civile në Shqipëri, S. 114–119, S. 174–209; Butka, Mukja: shans i bashkimit peng i tradhëtisë, S. 116–132.

134 Zit. nach Kühmel, Deutschland und Albanien, S. 461.

Invasion der Alliierten umzuschwenken und dadurch die Unterstützung der Alliierten zu gewinnen[135].«

Die Annahme, dass sich die Balli Kombëtar wegen des schon begonnenen Bürgerkrieges zur Kollaboration mit der deutschen Wehrmacht gezwungen sah, ist sehr zweifelhaft, denn zwischen den Partisanen und den Ballisten gab es bis Ende Oktober 1943 nur sporadisch bewaffnete Zusammenstöße. Auch existierte noch keine Hauptdirektive des Generalstabes der Befreiungsarmee zur Übernahme der Kampfhandlungen gegen die Balli Kombëtar und andere nichtkommunistische Gruppierungen[136]. Wie dem Zitat zu entnehmen ist, hatten sowohl die Balli Kombëtar als auch die Kommunistische Partei die gleichen Sorgen, nämlich die Sicherung der Führung des Landes nach einem schon voraussehbaren Rückzug der Wehrmacht aus Albanien.

Der schnelle deutsche Einmarsch in Albanien sowie die politische Strategie der Besatzungsmacht erforderten eine neue politische und strategische Orientierung der Balli Kombëtar. Unabhängig davon, bei welcher Partei das Scheitern des Abkommens von Mukje zu suchen war, blieb für die Balli Kombëtar als eine Möglichkeit die Bekämpfung der deutschen Besatzungsmacht – ohne eine Kooperation mit der LNÇ, aber gemeinsam mit andern nichtkommunistischen Gruppen und mit Unterstützung der Alliierten. Die anderen Optionen waren, neutral zu bleiben und die Landung der Alliierten abzuwarten oder sich der deutschen Wehrmacht im Kampf gegen die kommunistisch geführten Partisanen anzuschließen.

Gegenüber den britischen Verbindungsoffizieren erklärte Balli Kombëtar, dass sie prinzipiell ein Interesse am Kampf gegen die Besatzungsmacht hätte. Sie verlangte dafür Munition und Waffen, während, wie dem oben zitierten Bericht zu entnehmen ist, ein anderer Teil der Ballisten mit der deutschen Wehrmacht enge Verbindungen pflegte. In der Meldung des Kommandeurs der 100. Jägerdivision an den General des XXII. Gebirgskorps vom 15. Dezember 1943 hieß es:

»Die Banden der Balli Kombëtar stellen die einzige Machtgruppe dar, die sich auf albanischer Seite aktiv am Kampf gegen die Kommunisten beteiligt. Sie hat z.Zt. im Div. Bereich eine Stärke von etwa 7000 Bewaffneten [...] Im Kampf gegen die Kommunisten ist aber der Division auf die Hilfe dieser nationalen Gruppen angewiesen, da nur mit ihnen die langen Nachschubwege gesichert werde können und damit die Voraussetzung für eine erforderliche Küstenverteidigung geschaffen wird[137].«

Diese verworrene Taktik der Balli Kombëtar kam nun der Kommunistischen Partei zugute. Sie intensivierte die Propaganda gegen die Ballisten und unternahm die ers-

---

135 Europa unterm Hakenkreuz, Bd 6, Dok. 233, S. 304 (Aus dem Bericht der Abwehrstelle Albanien an Oberst i.G. Franz Harling, Dritter Generalstabsoffizier, Ic, beim Oberbefehlshaber Südost, für die Zeit vom 15. November 1943 bis 20. Februar 1944 über die Befreiungsbewegung und andere politische Gruppen in Albanien).

136 Sogar der albanische Historiker Uran Butka, Sohn der führenden Persönlichkeit der Balli Kombëtar, Safet Butka, betont, dass sich bis Anfang November 1943 der Kampf der Kommunisten gegen die Balli Kombëtar auf propagandistische Maßnahmen beschränkte. Butka, Lufta civile në Shqipëri, S. 114–119.

137 Zit. nach Europa unterm Hakenkreuz, Bd 6, Dok. 217, S. 290.

ten militärischen Aktionen gegen sie[138]. Laut Uran Butka befahl Mithat Frashëri am 7. Oktober 1943 seinen militärischen Kräften, jegliche kriegerische Handlungen gegen die Wehrmacht in dieser Zeit zu unterlassen[139]. Der Grund dafür war, dass die Balli Kombëtar keinen Zweifrontenkrieg führen konnte. Allerdings ist die Einschätzung von Uran Butka, dass die Ballisten bis zu diesen Zeitpunkt gegen die Wehrmacht Kampfhandlungen unternommen hätten, als sehr unwahrscheinlich einzustufen, vorausgesetzt man schenkt den deutschen Unterlagen Glauben, dass die Ballisten niemals gegen die deutsche Wehrmacht gekämpft hätten.

Skënder Muço, einer der intelligentsten Politiker der Balli Kombëtar, begründete gegenüber britischen Verbindungsoffizieren diesen Kurswechsel mit dem Verweis auf den innenpolitischen Hauptfeind, die Kommunistische Partei Albaniens:

> »Zwar sei der Sieg der Alliierten sicher, aber dann erst begännen für Albanien, Griechenland und Jugoslawien die wirklichen Probleme, der ›schlimmere Feind‹ bliebe zurück und England oder die USA wären fern[140].«

Dieser Kurswechsel, nämlich das taktische Bündnis mit der Wehrmacht, wurde während des ersten nationalen Kongresses der Balli Kombëtar am 3. Januar 1943 in Berat diskutiert und abgesegnet. Die Ballisten konnten von den Deutschen Waffen und militärische Unterstützung, sichere Rückzugsgebiete und Gold erhalten. Die Kollaboration als Mittel zur Beseitigung der rivalisierenden Partei erschien den Ballisten Ende 1943, trotz der Warnung der Briten vor den Konsequenzen dieser Strategie, als der sichere und gewiss auch bequemere Weg, um das Anwachsen der kommunistischen Bewegung zu stoppen.

Zu betonen ist schließlich, dass die bewaffneten Auseinandersetzungen zwischen Balli Kombëtar und Kommunisten nicht direkt eine Folge deutscher militärischer Präsenz in Albanien waren. Die Kollaboration der Balli Kombëtar mit den deutschen Besatzern diente als offizielle Begründung für die KPA, um die Balli Kombëtar in den Augen des albanischen Volkes zunächst zu demaskieren und später zu zerschlagen. Balli Kombëtar verfolgte dabei die gleiche Strategie, nämlich um jeden Preis die kommunistische Bewegung zu liquidieren, wozu dann auch gehörte, mit den Deutschen zu kollaborieren.

Die neutrale Stellung der »Legaliteti«

Die Entscheidung der Ballisten auf ihrem ersten Kongress in Berat wurde vom Royalisten Abaz Kupi nicht nachvollzogen. Die Gründung der »Legaliteti« (Legalität) kann durchaus als eine Folge dieser politischen Entwicklung gesehen werden. Die Zogisten hatten ähnliche politische Vorstellungen wie die Ballisten, was auch die Teilnahme Mithat Frashëris bei der Parteigründung erklärt. Auch sie versuchten einen Mythos zu konstruieren, der eine Tradition der zogistischen Bewegung begründen sollte. Die Legaliteti trat mit dem 7. April des Jahres 1939 ins Leben.

138 Butka, Lufta civile në Shqipëri, S. 174 f.
139 Vgl. ebd., S. 186.
140 Zit. nach Kühmel, Deutschland und Albanien, S. 470.

Die Ideologie des zogistischen Programms war in ihrem Kern antifaschistisch und bezog sich auf nationale Elemente wie die ethnischen Grenzen, die Verbesserung des Lebensstandards der Bevölkerung und die Landverteilung[141]. Diese Forderungen hatten den gleichen ideologischen Hintergrund wie die der Balli Kombëtar, jedoch bestand der Unterscheid darin, dass die Zogisten die Wiederherstellung der Legalität und die Einführung der Monarchie Zogus verlangten.

Hatte der Anführer der Legaliteti, Abaz Kupi, gleich nach dem deutschen Einmarsch wissen lassen, dass er nichts gegen die deutsche Wehrmacht unternehme, falls auch sie ihn in Ruhe lasse, so machten die Zuspitzung der innenpolitischen Lage bzw. die offene Kampfaufnahme der Partisanen gegen die Balli Kombëtar auch Kupi klar, dass ihn und seine Organisation das gleiche Schicksal erwartete. So eilte er sich zu äußern, dass er die Kommunisten nicht angreifen würde, wenn diese ihn nicht angriffen; in seinem Gebiet werde er für Ruhe und Ordnung sorgen. Jeden Angriff gegen Zogisten werde er mit Waffengewalt vergelten.

Die Forderungen der britischen Verbindungsoffiziere an Kupi zur Kampfaufnahme gegen die deutsche Wehrmacht fanden keinen Anklang bei den Zogisten[142]. Doch hinderte die nach außen akzentuierte antifaschistische Haltung der Legaliteti Kupi nicht daran, stillschweigend Absprachen mit der Wehrmacht zu treffen, Kontakte mit den kollaborierenden Politikern zu pflegen und zu versuchen, zogistisch orientierte Beamte und Offiziere an zentralen Stellen der Verwaltung und der albanischen Truppen zu platzieren[143]. Eine direkte materielle Unterstützung Kupis zu diesem Zeitpunkt ist jedoch unwahrscheinlich. In der zweiten Dezemberhälfte 1943 versuchten, so deutsche Quellen, die beiden von den Deutschen bedrängten nichtkommunistischen Mitglieder der Nationalen Front, Myslim Peza und Baba Faja Martaneshi, Abaz Kupi zum Kampf zu überreden, doch er lehnte ab. Offensichtlich hoffte Kupi, die sozialrevolutionären Insurgenten und die Wehrmacht würden ihre Kräfte im verbissenen Kleinkrieg verschleißen, während er für die Zeit danach gerüstet sei[144]. Unzweifelhaft besaß Kupi Züge, die Schliep mit Recht als »Bauernschläue« charakterisierte[145], wobei nicht auszuschließen ist, dass Abaz Kupi schon Ende 1943 ernsthaft eine Annäherung an die Regierung in Tirana erwog. Eine Anlehnung an die britische Position schloss er wohl ebenfalls nicht grundsätzlich aus[146]. Das

141 Vgl. ebd., S. 259.

142 Neuwirth, Widerstand, S. 219–223.

143 Vgl. ebd., S. 218.

144 Neubacher erinnerte sich: »Fiqiri Dine [Zogist und für kurze Zeit Ministerpräsident] hatte mir schon bei Beginn seiner Kandidatur erklärt, dass er die Regierung nur übernehmen könne, wenn Deutschland die Ausrüstung für zwei Gebirgsdivisionen (mit Panzern) zusage. Ich glaube heute noch, dass diese Forderung von Abaz Kupi ausging, der mit seinen englischen Verbindungsoffizieren offenbar darüber beraten hatte, wie man vor dem Abzug der deutschen Wehrmacht, der nicht mehr fern sein konnte, in den Besitz eines Waffenarsenals kommen könnte, mit dem man den Zugriff der roten Partisanen entgegentreten konnte.« Neubacher, Sonderauftrag Südost, S. 118.

145 Kühmel, Deutschland und Albanien, S. 262.

146 Der Zogistenführer aus dem Dibra-Gebiet stellte dem britischen General Davies auf dessen Vorwurf mangelnder Aktivität gegen die Deutschen ebenfalls Bedingungen: Anerkennung Albaniens mit einer Regierung in London; Anerkennung der Grenzen Albaniens von 1913 sowie eine Volksabstimmung in den von Albanern bewohnten Gebieten; Anerkennung Albaniens als gleichberechtigten Partner neben Serbien und Griechenland. Neuwirth, Widerstand, S. 219.

Verhalten Kupis und der Zogisten ist als schwankend zu bezeichnen. Dies ermöglichte es Hoxha, auch mit ihnen, wie mit den Ballisten, kurzen Prozess zu machen.

Die Festigung der innenpolitischen Lage

Im Bericht der deutschen Abwehrstelle in Albanien für den Zeitraum vom 15. Dezember 1943 bis zum 20. Februar 1944 ist zu lesen:

> »Die politische Lage Albaniens hat sich in der Berichtszeit insoweit gebessert, als [...] die Regierung, vor allem der aktive Innenminister, ihren machtmäßigen Einfluss und ihre Exekutive im Lande, insbesondere in den Städten Mittel- und Südalbaniens, stärker durchsetzte – in gewissen Ausmaßen auch in den größeren Städten Südalbaniens. Die Zerschlagung bewaffneter Feindgruppen durch die deutsche Wehrmacht trug wesentlich dazu bei, dass die gegnerischen Gruppen, vor allem die linksorientierte ›Nacional Clirimtar‹ in die Defensive, Teile der abwartend abseits stehenden Gesinnungsgruppen (Ballisten) zur loyalen Haltung bzw. zur Zusammenarbeit mit der Regierung gedrängt wurden[147].«

Wie dem Bericht zu entnehmen ist, führte zunächst die Zusammenarbeit der nationalen Kräfte mit der Wehrmacht zu einer deutlichen Entspannung der innenpolitischen Lage. Gemäß ihrer operativen Planungen mischte sich die Wehrmacht in den ersten zwei Monaten der Besatzung zunächst nicht in die Einflussgebiete der FNÇ ein. Sie beschränkte sich auf die Kontrolle der Küste, der meisten größeren Städte und wichtiger Nachschubwege. Jedoch wurden im Laufe der Zeit die von den Partisanen unternommenen bewaffneten Operationen zunehmend unangenehmer. Von November 1943 bis Februar 1944 führten sie, trotz der reduzierten Truppenstärke, regelmäßig Militäroperationen durch[148]. Jedoch handelte es sich dabei nicht um ein durchgeplantes, systematisches und in seiner Dauer kalkuliertes Unternehmen gegen die UNÇ sondern um eine Aneinanderreihung militärischer Aktionen, die häufig schnell erfolgten und sich über einen längeren Zeitraum erstreckten, um die kommunistisch geführten Guerillas zu eliminieren[149].

Die Härte des Winters in den Bergregionen, die schlechte und mangelnde Versorgungslage, die defizitäre medizinische Versorgung, der ständige Zwang, sich durch ermüdende Absatzbewegungen und verlustreiche Kämpfe den Einkreisungsversuchen des Gegners zu entziehen – all dies verursachte eine überaus prekäre Lage für die UNÇ. Deutsche Angaben bezifferten die Feindverluste bis Ende Januar 1944 auf 2239 Tote, 634 Verwundete, 8132 Überläufer und 5215 Gefangene. In diesen Zahlen sind auch die italienischen Soldaten mit berücksichtigt[150]. »Die

---

147 Europa unterm Hakenkreuz, Bd 6, Dok. 233, S. 303.

148 In der albanischen Geschichtsschreibung wird für diese Militäroperationen die Bezeichnung »Winteroffensive« benutzt. Diese Operationen sind Inhalt einer Reihe von albanischen Darstellungen, sie werden dort aber einseitig bewertet. Historia e Partisë së Punës së Shqipërisë, S. 762–765.

149 Über die Durchführungstaktik solcher militärischer Unternehmen ausführlich Frank, Landser, S. 116–136; Frank, Partisanenkampf.

150 Kühmel, Deutschland und Albanien, S. 271.

Lage ist schwierig, wie in Tirana so auch im Norden Albaniens [...] aber gerade jetzt in dieser schwierigen Lage müssen wir Anstrengungen machen, nicht das Ziel aus den Augen zu verlieren«, schrieb Hoxha im März 1944 in einem Brief an Nako Spiru[151]. Hoxha räumte sogar ein, dass seine Guerillabewegung im Norden »vollständig liquidiert« worden sei[152].

Während dieser Operationen wurden die deutschen Soldaten von den »nationalen Banden« unterstützt. Ihre Ortskenntnisse waren hilfreich, aber ihr Wert minderte sich dahingehend, dass sie den Partisanen an Kampfkraft deutlich unterlegen waren. Zudem waren sie nicht in der Lage, ohne deutsche Präsenz Aktionen durchzuführen oder Gebiete allein zu halten. Zwar gelang es der Wehrmacht in der Winteroffensive nicht, die Partisanenbewegung vollständig zu vernichten, sie erreichte jedoch, dass die Partisanen in eine defensive Stellung übergingen und vor allem politisch nur begrenzten Spielraum hatten. Diese Ereignisse führten zu einer Stabilisierung der politischen Lage der Regierung Mitrovica. Mit dem Erfolg der Winteroffensive vor den Augen versuchte die Balli Kombëtar Ende Januar 1944 in einer Unterredung zwischen Neubacher, Mehdi Frashëri, Xhaferr Deva und Kadri Cakrani, dem »Schrecklichen«, Befehlshaber der militärischen Verbände der Ballisten in Südalbanien, eine Erweiterung der Regierungsbasis durch Aufnahme von drei Ballisten in die Regierung Mitrovica zu erzielen. Mit diesem Schachzug hoffte die Führung der Balli Kombëtar, die eigene Machtstellung auszubauen und bessere Chancen für die Regierung des Landes nach dem Abzug der Deutschen zu haben.

Wie schon erwähnt, standen außer der LNÇ alle anderen nichtkommunistischen Gruppierungen sowohl mit den Alliierten als auch mit der deutschen Besatzungsmacht in Verbindung. Diese Zwiespältigkeit in der Haltung albanischer Politiker war der deutschen politischen und militärischen Führungsebene bewusst; sie befürchtete, dass der probritische Flügel der Balli Kombëtar, wie Nuredin Vlora und Skënder Muço, im Falle einer alliierten Invasion versuchen würde, die Regierungsmacht in die Hand zu bekommen und gegen die Deutschen vorzugehen. Abaz Kupi stellte ein kleineres Problem im Vergleich zu den Ballisten dar, denn es wurde vermutet, dass Kupi die Invasion zwar begrüßen, sich den Deutschen gegenüber jedoch neutral verhalten würde[153].

Die deutschen Zweifel an einer uneingeschränkten Zuverlässigkeit der albanischen Verbündeten erstreckten sich nicht auf alle Mitglieder der Regierung. Die Politiker aus Neualbanien hatten bessere Karten, was nicht selten zu Konflikten innerhalb der Regierung führte. Das beste Beispiel dafür waren die Auseinadersetzungen zwischen Mehdi Frashëri und Xhaferr Deva. Die Gründe dafür müssen wohl auch in den divergierenden Charakteren des Kosovoalbaners und des toskischen Politikers gesucht werden. Während Frashëri eine gewisse Alleinherrschaft anstrebte, da seine verfassungsrechtliche Stellung als Vorsitzender des Regentschaftsrates ihm das Recht gab, die politische Arbeit der Regierung mitzubestimmen, strebte Deva nach Autonomie und freiem Handeln für sein Ministerium, besonders bei Sofortmaßnahmen. Diese

---

151 Hoxha, Vepra 2, S. 115.

152 Vgl. ebd., S. 116.

153 Kühmel, Deutschland und Albanien, S. 278.

latente Spannung beeinflusste die Arbeit der Regierung, jedoch ohne sie zu blockieren[154]. Begünstigt von der Zwangsruhe der Guerilla, unternahm die Regierung, um ihre Machtposition zu festigen, eine Reihe innenpolitischer Reformen, beispielsweise im Verwaltungssektor, die Reorganisation des Regierungsapparats und die Wiederbelebung des Gerichtswesens. Parallel dazu wurden harte Maßnahmen gegen die Kommunisten getroffen. So lautete die Devise Devas:

> »Blut schreit nach Blut! Terror sucht Terror! Der albanische Staat wird nicht alt werden mit Gerichten, noch mit Ratschlägen. Der albanische Staat kann diese kritische Phase allein mit dem Schwert durchstehen [...] um den Frieden in Gänze wiederherzustellen muss gründlich Terror ausgeübt werden [...] Terror gegen die Terroristen, Terror gegen die Anarchisten, Terror gegen die Nationalbefreier, Terror gegen ihre Sympathisanten[155].«

Innenminister Deva bewegte sich hinsichtlich der Terrorausübung nicht nur auf propagandistischer Ebene. Auf seine Repressalien am 4. Februar 1944 in Tirana wurde oben bereits hingewiesen. Ein Grund für ein solch hartes Vorgehen gegen die Kommunisten lag wohl auch darin, dass mit dem Ende des Winters 1943/44 deutlich wurde, dass die vermeintlichen Anzeichen für eine Eindämmung des Einflusses der Guerilla und deren Liquidierung irreführend waren. Die erhoffte Befriedung, abgesehen von den militärischen Erfolgen im Norden, erwies sich als Illusion. Die Taktik der Partisanen, sich in das innere Albanien zurückzuziehen, hatte ihr Überleben gesichert. Mit dem Beginn des Frühjahrs konnten sie reorganisiert werden und verstärkt dazu übergehen, das verlorene Terrain zurückzugewinnen[156].

Die Regierungskrise im Frühjahr 1944

Die Regierung Mitrovica war bereits seit Mai 1944 nicht mehr Herr der Lage. Der Grund dafür lag, neben der Verschlechterung der wirtschaftlichen Situation, auch an der zunehmenden Popularität der Partisanen. Der Deutsche Bevollmächtigte General in Albanien, Generalleutnant Otto Gullmann, berichtete am 8. Juli 1944 über die Lage im Land:

> »Die Organe des albanischen Staatswesens, der Hohe Regentschaftsrat (in Vertretung des Staatsoberhauptes), die Regierung und das Parlament verdienen ihre Bezeichnungen nur wenig. Diesen aus der Not mit deutscher Hilfe geborenen Staatsorganen fehlt das Volk, das sie anerkennt, and, das sie führen möchten, die Exekutive, um ihren Willen durchzusetzen, die Beamten, die ihnen Gefolgschaft leisten, das Geld, um das Staatswesen zu bezahlen, die Erfahrung und das Können zur Führung eines Staates und vor allem die

[154] Europa unterm Hakenkreuz, Bd 6, Dok. 233, S. 304.

[155] »Gjaku don gjak! Terrori kerkon terror! Nuk do te perterihet shteti shqiptar as me gjykata, as me anketa, as me keshilla. Shteti shqiptar mund ti kaloje keto faza kritike vetem duke perdorur shpaten [...] Per tu vendosur ne teresi paqa, duhet te perdoret thellesisht terrori [...] Terror kunder terroristeve, terror kunder anarkisteve, terror kunder nacionalclirimtareve, terror kunder simpatizueseve te saj.« Zit. nach Gazeta »Bashkimi i Kombit«, 4.2.1944.

[156] Tönnes, Sonderfall Albanien, S. 459.

zusammenfassende und verbindende Idee, die man unter Ausschaltung eigensüchtiger Ziele (Familie, Sippe, Geschäft) sich zur Verfügung zu stellen wäre[157].«

Die Härte des deutschen Vorgehens gegen die Zivilbevölkerung hatte Sympathien gekostet. Die schwierige Versorgungslage, die Luftüberlegenheit der alliierten Flugverbände sowie die militärischen Erfolge der Gegner Deutschlands auf internationaler Ebene trugen zur geringen Anerkennung der Regierung im Volk bei. Negativ für den Ruf der Regierung erwies sich auch die Politik der Balli Kombëtar. Sie rekrutierten mit deutschem Einverständnis Soldaten und hoben bei der Bevölkerung, trotz deren miserabler wirtschaftlichen Lage, eine Art Widerstandssteuer aus, sodass sie von den Deutschen sogar gebremst werden mussten[158]. Man hegte mitunter den Verdacht, dass Innenminister Deva gegen Bezahlung inhaftierte Kommunisten entließ[159]. Wie Hoxha mit Recht vermutet hatte, brachte die Übernahme ballistischer Politiker in die Regierungsverantwortung nur Minuspunkte für die Regierung mit sich.

Auch aus deutscher Sicht war der Ministerpräsident Mitrovica nicht mehr zu halten, wenn die eigenen Ziele nicht gefährdet werden sollten. So blieb Neubacher seiner alten Taktik treu, den Albanern die Umbildung der Regierung zu überlassen, jedoch unter dem Vorbehalt, die Kandidaten einer strengeren Prüfung zu unterziehen. Die Initiative für die Umbildung der Regierung wurde von Mehdi Frashëri und Pater Harapi ergriffen. So verfolgte Frashëri im Mai 1944 hartnäckig seine Pläne für eine politische Stärkung des Regimes in Tirana. Er verhandelte mit Abaz Kupi, der den Wunsch nach der Besetzung des Ministerpräsidentenpostens durch einen seiner Gefolgsleute geäußert hatte. Bis zu diesem Zeitpunkt hatten die deutschen Instanzen in Albanien kein Vertrauen in die Zogisten, denn genauso wie bei der früheren Kollaboration der Ballisten sahen sie in Kupi nur einen eventuellen Gewinn, da die Zusammenarbeit Kupis mit den britischen Verbindungsoffizieren und deren Versuche, Kupi von einem Kampf gegen die deutsche Wehrmacht zu überzeugen, den Deutschen bekannt war. Jetzt hatte sich die innenpolitische Lage geändert und die Deutschen waren an einer Stabilisierung der Regierung interessiert.

Mit Fiqiri Dine als Ministerpräsident wollten die albanischen Politiker einen Mann an die Regierung bringen, der sich zwar als Zogist bezeichnete und das Vertrauen Kupis genoss, aber die Legaliteti nicht übermäßig kompromittierte. Zugleich galt es, die militärische Stärke der nichtkommunistischen Gruppen zu koordinieren. Von der Tragfähigkeit der Konfliktlösung, die Mehdi Frashëri propagierte, war die deutsche Führungsebene in Albanien, allen voran Fitzthum, nicht überzeugt. Sie befürchteten eine »zogistische Alleinherrschaft«, wenn Dine zum Ministerpräsidenten ernannt würde. Da aber die gegebenen Umstände nach einer dynamisch-aktiven und unverbrauchten politischen Kraft verlangten, stellten die Zogisten die einzige politische Machtgruppe dar, die diesen Forderungen nachkommen konnte. Sie in die Opposition zu setzen und dort dem britischen Einfluss zu überlassen, war nicht im Sinne der deutschen Interessen. Die Integration der Zogisten in die albanische

157 Europa unterm Hakenkreuz, Bd 6, Dok. 296, S. 346.
158 Neuwirth, Widerstand, S. 195.
159 Fischer, Albania, S. 210.

Regierung war also unumgänglich, zugleich förderte sie den Alptraum von einer Regierungskoalition aus Zogisten, Ballisten und dem ehrgeizigen Mehdi Frashëri, die bei einer alliierten Invasion geschlossen zum Gegner überlaufen würde. Die deutsche Taktik bestand darin, ein Nebeneinander rivalisierender Machtgruppen im Regierungsapparat zu fördern, wobei den als zuverlässig geltenden Neualbanern eine besondere Bedeutung zukam. Diesbezüglich äußerte Bernd J. Fischer: »The German hoped, as a backup plan, simply to divide and control the Albanians, which ultimately led them to continue to co-opt nationalist elements into the government. The German goal, then, had changed while the policy essentially remained the same[160].«

Nach langen Diskussionen und Auseinadersetzungen[161] – besonders zwischen Alt- und Neualbanern, Mehdi Frashëri bzw. Xhaferr Deva – wurde Ende Mai das albanische Parlament einberufen. Mitte Juni gab Mitrovica bekannt, dass er aus gesundheitlichen Gründen zurücktreten müsse[162].

Das Kabinett des Zogisten Fiqiri Dine

Die Ausrufung der Regierung war ohne vorherige Absprache mit den deutschen Stellen erfolgt, was großen Unmut erregte. Für Neubacher war klar, dass Mehdi Frashëri sie vor vollendete Tatsachen stellen wollte. Der Grund dafür war, dass der kosovarische Innenminister Deva in einem politischen Coup ausgestochen werden sollte, doch er verfügte über eine derart starke deutsche Unterstützung, dass Fitzthum ohne ihn sogar seine SS-Division Skanderbeg gefährdet sah, sodass nach einem kurzen Machtspiel Deva wieder mit dem Innenministerium betraut wurde. Jedoch trat Xhaferr Deva kurz nach der Regierungsbildung zurück, um in Deutschland ärztliche Behandlung in Anspruch zu nehmen und sich ganz der Festigung seiner Stellung im Kosovo zu widmen.

Die Hoffnung Dines, aus seiner neuen Stellung heraus mit verstärkter deutscher Unterstützung gegen den inneren Feind vorgehen zu können – was ihn wohl überhaupt zur Übernahme des Amtes veranlasst hatte –, erfüllte sich nicht. Die Bedingung der Deutschen für größere Waffen- und Munitionslieferungen war, dass Dine Abaz Kupi zu einem formellen antikommunistischen Pakt bewegte[163], was dieser jedoch ablehnte. Die Deutschen verhielten sich zurückhaltend, konnten sich doch aufgrund der bewegten innenpolitischen Situation im Land diese Waffen gegen die Wehrmacht selbst richten:

»It seems the Germans were willing to give Kupi just enough to compromise him but no enough to allow him to either effectively battle the partisans or threaten their own antici-

---

160 Ebd.

161 »Ich [Neubacher] machte also drei Wochen lang eine albanische Regierungskrise mit. Sie blieb mir unvergesslich. Wir verzichteten konsequent darauf, unserseits einen Kandidaten zu empfehlen. Es gab täglich neue Kombinationen, Informationen, Gegeninformationen. Einflüsse, Gegeneinflüsse. Die Politik ging in hohen Wogen, die ständig an meinen gemütlichen Bungalow heranrollten, der mir in Tirana als reizvolles Quartier diente.« Neubacher, Sonderauftrag Südost, S. 117.

162 Vgl. ebd.

163 Stamm, Zur deutschen Besetzung Albaniens, S. 113.

pated withdrawal. There is little question that Kupi was compromised, and as a result, as with the BK, his influence began to decline accordingly[164].«

Die politische Konzeption der Regierung Dine bestand zum einen darin, die kommunistische Guerilla militärisch in die Schranken zu weisen; zum anderen wollte sie für die Alliierten zu einem ernsthaften Verhandlungspartner werden, denn an einen deutschen Sieg glaubte zu diesem Zeitpunkt keiner der Kollaborierenden mehr. So beschloss der Regentschaftsrat Mitte August 1944, wieder ohne vorherige Rücksprache mit den empörten Deutschen, die Errichtung eines Generalkommandos der aktiven Streitkräfte, wohl als Vorsorge für den Fall, dass die Wehrmacht das Land verlassen sollte. Trotz kurzzeitiger militärischer Erfolge der Zogisten im Kampf gegen die Partisanen im Raum Mati und Dibra, jedoch ohne die persönliche Beteiligung Kupis, wurden die Forderungen der Zogisten nach Waffen, abgesehen von kleineren Mengen Handwaffen und Munition, von der Wehrmacht nicht erfüllt[165].

Die Regierung Dine konnte freilich keinen Einfluss auf die Albanienpolitik der Alliierten nehmen. Kupi versuchte seinerseits, Dine und die Führer der Balli Kombëtar zu überreden, mit ihren gesamten Streitkräften zu ihm in die Berge zu kommen und gemeinsam die deutschen Truppen anzugreifen. Der Lohn sollten auch hier Waffen und Munition sein, aber diesmal aus britischen Arsenalen. Ein Abkommen zwischen Kupi und Dine, das auch die Unterstützung der Balli Kombëtar zum Gegenstand gehabt hätte, scheiterte aber ebenso wie vorher das Abkommen zu deutschen Bedingungen. Während Dine Waffenlieferungen als Vorbedingung für ein Abkommen ansah, entschieden die Briten entsprechend ihrer bisherigen Haltung gegenüber Kupi, dass so ein Pakt erst zustande kommen könne, wenn Dine Beweise für einen aktiven Kampf gegen die Deutschen geliefert habe[166]. Da Dine sich für einen solchen Frontwechsel nicht bereit sah und ihm auch die Deutschen, aus nicht gerade unberechtigtem Misstrauen, nun auch den letzten Rückhalt entzogen, trat Dine am 29. August 1944, nicht mal 40 Tage nach seiner Ernennung, als Ministerpräsident zurück.

Die schwierige Lage, in der sich die Regierung Dine Ende August befand, beschreibt Bernd J. Fischer wie folgt:

---

164 Fischer, Albania, S. 217.

165 Die zogistischen Kräfte und die Wehrmacht konnten Ende Juli die Partisanen aus dem Raum Mati vertreiben. Auch die von Mehmet Shehu geführte erste Partisanenbrigade gab den Raum Dibra preis. Bald danach stellten die Deutschen und die Zogisten fest, dass der Rückzug der Partisanen aus Munitionsmangel unvermeidbar war. Da aber die britische Unterstützung der Partisanen Anfang August wieder aufgenommen wurde, konnten sie am 11. August mit britischer Luftunterstützung Dibra wieder zurückgewinnen. Gleichzeitig wurden Kampfhandlungen im Raum Mati unternommen. Dine und die Deutschen organisierten einen Gegenangriff mit zwei deutschen Regimentern und einer Mischung aus albanischen Truppen der Regierung, Nordalbaniens und Truppen der SS-Division Skanderbeg. Diese Operation unter dem Namen »Fuchsjagd« erwies sich als erfolglos. Die Albaner zeigten keinen Kampfgeist, die Deutschen verfügten über zu wenig Mann. Die Deutschen zogen sich am 30. August aus Dibra zurück und hinterließen Tote sowie eine Menge Munition und Waffen. Der Kampf um Dibra war vermutlich der größte militärische Erfolg der Partisanen, denn jetzt hatten sie Mittelalbanien unter ihrer Kontrolle. Gleichzeitig bedeutete dies das Ende der militärischen Pläne der albanischen Regierung.

166 Stamm, Zur deutschen Besetzung Albaniens, S. 113.

»The nationalist-Zogist gamble had failed. A series of ominous international events during the last days of August made it abundantly clear to even the most pro-German Albanians that the German occupation would soon end. [...] These events also helped to bring down Dine's government. His military-diplomatic plans had failed, and the German withdrawal from the Balkans was in sight[167].«

Mit dem Versagen der Regierung Dine hatte die deutsche Besatzungsmacht jede Unterstützung durch einheimische politische Gruppierungen verloren. Die Taktik der nichtkommunistischen albanischen Gruppierungen, ständig die Seiten zu wechseln, scheint auf den ersten Blick alle Klischees von »Balkanpolitik« zu bestätigen. Es ist jedoch verständlich, wenn man bedenkt, dass die Albaner gegen ihren Willen in den Krieg hineingezogen worden waren und infolgedessen mit den Interessen keiner der verfeindeten Großmächte einverstanden waren. Daher war es nur natürlich, wenn auch aus deutscher Sicht nicht nachvollziehbar, dass sie soviel wie möglich für sich selbst aus dem allgemeinen Chaos herauszuschlagen versuchten. Die Versuche der deutschen Besatzungsmacht, ihre Herrschaft mit Hilfe der albanischen Kollaborateure zu konsolidieren, waren gescheitert. Es gab gewisse Erfolge, die jedoch mit der wachsenden Zunahme des Einflusses der Kommunisten im Land ihre Wirkung verfehlten.

Das Scheitern der deutschen Besatzungsherrschaft

Die Entwicklung der politischen und militärischen Lage im gesamten Balkanraum wie auch in Albanien, wo der Kommunismus zunehmend an Terrain gewann, verlangte sowohl von den nationalen Kräften als auch von den Deutschen ein Überdenken ihrer bisherigen Politik. Abaz Kupi, dessen Haltung ihn de facto zum Bundesgenossen der Besatzungsmacht werden ließ, begann in der zweiten Augusthälfte erneut, sich stärker an den Alliierten zu orientieren. Über seine Vereinigungsversuche mit anderen nationalistischen Gruppen für den Kampf gegen den bisherigen deutschen »Freund« wurde bereits berichtet. Unmittelbar nach dem Rücktritt des zogistischen Ministerpräsidenten verließen die Quislinge der Legaliteti und Balli Kombëtar Tirana. Dieser Rückzug bedeutete für die deutsche Besatzungsmacht keine akute Gefahr, da deren politische und militärische Bedeutung abgenommen hatte. Vereinzelte kleinere Aktionen der Zogisten mit Unterstützung britischer Offiziere beurteilte die deutsche Seite als Angriffe der Nationalen Befreiungsarmee[168]. Als be-

---

167 Fischer, Albania, S. 219.

168 Gemeinsam mit den Verbindungsoffizieren Maclean, Amery und Smiley waren die Zogisten im September 1944 für etwa 14 Tage in Aktion. Sie versuchten die Gunst der Alliierten wiederzuerlangen. Vermutlich aus den gleichen Motiven nahmen auch Ballisten an der Aktion teil. Sie führten Brückensprengungen durch und griffen deutsche Soldaten aus dem Hinterhalt an. Jedoch war diese Wende Kupis zu spät, denn am 8. Oktober meldeten ihm die britischen Offiziere, Colonel Maclean und Major Smiley, dass sie zur Berichterstattung nach Bari gehen müssten. Kupi hatte begriffen, dass er politisch von den Briten fallengelassen worden war, er richtete noch folgende Worte an Amery: »Sagen Sie ihrer Regierung bloß, dass, wenn Enver Hoxha mich angreift, er das nicht tut, weil er mich für einen Faschisten hält, sonder weil er weiß, dass ich ein Freund der Briten bin.« Damit wollte Kupi für sich eine Märtyrerstellung sichern. Neuwirth, Widerstand, S. 224.

drohlich erwies sich für die Deutschen aus rein militärischen Überlegungen heraus die politische Entwicklung in Nordalbanien. Den Deutschen war bekannt, dass in dieser Gegend die Politik von Muharrem Bajraktari bestimmt wurde. So hatten die im Raum Dibra einflussreicheren Familien Kontakt mit den in Süd- und Mittelalbanien dominierenden Partisanen aufgenommen. Ende August 1944 wurde das Kommando des XXI. Armeekorps informiert, dass Bajraktari militärische Kräfte gesammelt habe und beabsichtige, Kukës, das eine strategische Bedeutung als Verbindungsstraße zwischen Alt- und Neualbanien hatte, anzugreifen[169]. Die noch direkt oder indirekt dem deutschen Einfluss unterliegenden Gebiete begannen in der ersten Septemberhälfte Inseln zu gleichen; der Lagebericht vom 11. September 1944 beschrieb die Zusammenziehung großer Kräfte um Tirana, Fier, Berat, Vlora, Elbasan, die im gegebenen Augenblick über die Städte herfallen und die politische Macht an sich reißen wollten.

Angesichts dieser Entwicklungen versuchte die Besatzungsmacht, den Schein geordneter Verhältnisse im Land zu erwecken. Selbstverständlich ging es den Deutschen nicht mehr um die Auseinandersetzungen zur inneren Stabilität des Landes, sondern darum, den Prozess der inneren Zersetzung der deutschen Herrschaft zu verzögern. So wurde Mehdi Bey mit der Aufgabe betraut, die Gründung einer neuen albanischen Regierung herbeizuführen. Obwohl er erkannt hatte, dass die Zeit der deutschen Herrschaft in Albanien vorüber war, erklärte er sich damit einverstanden, wenn die Wehrmacht ihm und seiner Familie Schutz gewährte[170]. Frashëris Wahl fiel auf Ibrahim Bey Biçaku, der bereit war, die Führung der Regierung zu übernehmen, einer völlig isolierten Regierung, der keine Zukunft beschieden war[171] und die aus unbekannten und auch unfähigen Leuten bestand. Das einzig erwähnenswerte Vorkommnis dieser Regierung bestand darin, dass der neue Arbeitsminister Lefter Kosova am Tag seiner Ernennung Opfer eines Attentates in seinem Haus wurde[172]. Nur zehn Prozent der Regierungsbeamten gingen regelmäßig einer Arbeit nach, was nochmals die geringe Bedeutung dieser albanischen Regierung unterstrich. Da Neubacher fanatisch an seiner Doktrin der anscheinenden Unabhängigkeit Albaniens festhalten wollte, konnten die deutschen Instanzen die Arbeit der albanischen Organe nicht übernehmen. So wurden Verpflichtungen einfach nicht wahrgenommen[173]. Mit der Verschlechterung der politischen und militärischen Lage des Deutschen Reiches – es zeichnete sich schon eindeutig ab, dass die Wehrmacht vom Balkan abziehen musste – konnten sich nicht alle deutschen Instanzen in Tirana abfinden; insbesondere die militärische Führung (Fitzthum) hatte gegen den Plan Neubachers immer ihre Vorbehalte gehabt.

Der Regierungswechsel erlaubte auch Veränderungen in den Richtlinien der Herrschaftsausübung. Bis dahin war die Ausübung der Gewalt zwischen dem Deutschen General in Albanien (DGA), der in der Tat keine militärischen Kräfte zur

169 Kühmel, Deutschland und Albanien, S. 409.
170 Europa unterm Hakenkreuz, Bd 6, Dok. 330, S. 372.
171 Fischer, Albania, S. 223.
172 Vgl. ebd., S. 224.
173 Vgl. ebd., S. 225.

Verfügung hatte, dem Auswärtigen Amt bzw. Neubacher und Schliep und der SS, also Fitzthum, aufgeteilt. Ab Ende August gewann die Stelle Fitzthums an Bedeutung.

Der Übergang der Befehlsgewalt an Fitzthum brachte Veränderungen in der deutschen Vorgehensweise mit sich. Zunächst wechselte der Posten des DGA: General Otto Gullmann wurde ersetzt durch General Gustav Fehn. Des Weiteren traf Fitzthum in Zusammenarbeit mit Neubachers Mitarbeiter Oberführer Gstöttenbauer weitere Vorkehrungen zur Reorganisation der deutschen militärischen Strukturen in Albanien. So wurden die bisherigen vier Feldkommandos zu einem verschmolzen. Diese Maßnahmen wurden von zunehmenden Gewaltakten der Wehrmacht gegen die Zivilbevölkerung begleitet.

Das Verhalten der Wehrmacht in Albanien war Ausdruck der Änderung der deutschen Politik; an einer freundlichen Politik gegenüber Albanien bestand kein Interesse mehr. Die offenen Repressalien der Wehrmacht versuchten wiederum die britischen Verbindungsoffiziere zu nutzen, mit dem Ziel, der Wehrmacht so viel Schaden wie möglich zuzufügen.

Die Albanienpolitik der Alliierten

Die britische Regierung konnte sich in den Kriegsjahren nicht zu einer klaren Politik gegenüber Albanien durchringen[174]. Eine Albanienpolitik wurde bestenfalls nur in Bezug auf die politische Konzeption des gesamten Balkanraumes berücksichtigt. Der Schwerpunkt britischer Politik lag auf Griechenland und Jugoslawien[175]. »Albanien spielte in aller Hinsicht eine zweisträngige Rolle«, schrieb der ehemalige britische Offizier und spätere Diplomat Reginald Hibbert[176]. Da sich Großbritannien mit Italien im Krieg befand, konnte es sich die britische Regierung kaum entgehen lassen, jegliche Chancen zu nutzen, um das italienische faschistische Regime zu schwächen. Ein Aufstand in der albanischen Kolonie konnte dabei nur von Vorteil sein. Aus diesem Grund wurden die britischen Geheimdienstoffiziere in Belgrad damit beauftragt, jegliche Möglichkeit einer Revolte in Albanien zu fördern. Die Vorbereitung dieser Revolte stellte eine große Herausforderung für den britischen Geheimdienst dar, denn jede Unterstützung Albaniens vonseiten der britischen

---

174 Im Oktober 1939 erkannte die britische Regierung in einer Erklärung vor dem Unterhaus »die neuen Verhältnisse in Albanien« auch formell an. Dabei zielte die britische Politik darauf, durch diese Erklärung Italien von einem Kriegseintritt an der Seite Deutschlands abzuhalten. Mit dem Angriff italienischer Truppen am 10. Juni 1940 auf Südfrankreich zog die britische Regierung Ende Juni 1940 ihre Erklärung zurück. Über den völkerrechtlichen Status Albaniens und über seine Grenzen kam es zu keiner Stellungnahme. Tönnes, Sonderfall Albanien, S. 426 f.

175 Großbritannien hatte unmittelbar vor dem italienischen Angriff auf Griechenland der Regierung in Athen eine Sicherheitsgarantie gegeben. Es war nach dem Blitzkrieg der Wehrmacht auf dem Balkan bemüht, eine Front im Rücken der italienischen und deutschen Truppen einzurichten. In den deutschen und italienischen Besatzungsgebieten wollte es Aufstände entfesseln. Dabei gewann neben Jugoslawien und Griechenland auch Albanien an Bedeutung. Churchill, Der Zweite Weltkrieg, S. 483–496.

176 Hibbert, Albanian's National Libertation Struggle, S. 55.

Regierung hätte heftige Proteste der griechischen Seite zur Folge gehabt[177]. Wohl aus diesem Grund lehnten die Briten auch einen Vorschlag von König Zogu ab, der sich im Exil in London befand, aber keinen diplomatischen Status besaß. Er hatte beabsichtigt, mit britischer Unterstützung nach Nordalbanien zu gehen, um dort einen Aufstand zu organisieren. Militärisch gefiel diese Aktion, aber sie beinhaltete politisches Konfliktpotenzial. So wäre die griechische Regierung gezwungen gewesen, Zogu und gleichzeitig auch die albanische Südgrenze anzuerkennen. Um dieses Problem zu umgehen, entschied man sich im Foreign Office dazu, sich nicht auf die Person Zogus festzulegen[178]. Die Bedenken des Foreign Office bewogen das britische Kriegsministerium schließlich, nach einer Lösung zu suchen, die den Aufbau einer albanischen Widerstandsbewegung ohne die unmittelbare Beteiligung des Königs ermöglichte. Die britischen S.O.2-Agenten[179] schlugen die Bewaffnung der Freischar Gani Kryezius vor, der über großen Einfluss in Nordalbanien verfügte. Diese Entscheidung war ein Meisterzug englischer Politik. Denn Griechenland konnte schwerlich einen Protest einlegen, ohne sich selbst wegen übertriebener Gebietsansprüche in Albanien zu blamieren. Letztlich würde die Aktion Kryezius vom Territorium Jugoslawiens ausgehen und zeitlich auf Nordalbanien beschränkt

[177] Am italienischen Einmarsch in Griechenland nahmen auch zwei albanische Bataillone teil, wohl von der italienischen Propaganda bezüglich eines Groß-Albanien geblendet. Aus diesem Grund betrachtete sich Griechenland nach der italienischen Kriegserklärung vom 28. Oktober 1940 auch mit Albanien im Krieg. Vergebens führten später die Albaner ins Feld, dass kein legitimes Organ des albanischen Staates jemals der Personalunion mit Italien zugestimmt habe. Die Griechen verwiesen auf die Aggression der beiden albanischen Bataillone sowie auf die albanische Wirtschaftshilfe zugunsten Italiens und forderten Friedensverhandlungen. Bei diesen Verhandlungen sollte, was als wahres Ziel dieses Handelns in der Tat genannt werden kann, auch über das Schicksal von »Nord-Epirus« entschieden werden. Erst 1971 wurden die diplomatischen Beziehungen zwischen Albanien und Griechenland wieder aufgenommen, denn de jure befanden sie sich nach der einseitigen griechischen Rechtsauffassung nach wie vor im Kriegszustand. Tönnes, Sonderfall Albanien, S. 426.

[178] Im Foreign Office wurde lange überlegt, bevor man zu diesem Entschluss kam. Für eine Unabhängigkeit Albaniens sprachen folgende Faktoren: Der Verlust der »nationalen Identität« wäre »immoral«. Eine diesbezügliche Erklärung würde sich positiv auf den Widerstand gegen die Italiener auswirken und zeigen, dass Großbritannien gegen den Faschismus sei. Jedoch waren die Gründe, die gegen eine albanische Unabhängigkeit nach dem Krieg sprachen, wesentlich stärker, denn Albanien »cannot stand alone« und wäre immer auf Hilfe und Geldmittel einer anderen Macht angewiesen. Griechenland würde gegen so eine Entscheidung protestieren und entweder eine eigene Regierung einsetzen wollen oder Südalbanien beanspruchen. Des Weiteren wollten die Britten keine solche Verantwortung übernehmen und König Zog unterstützen. Neuwirth, Widerstand, S. 268. Ende 1941 ließ das Foreign Office Studien über die Zukunft Albaniens ausarbeiten, um auf der Friedenskonferenz über ein Konzept zu verfügen. Die erste Studie wurde vom bekannten britischen Historiker Arnold Toynbee, damals Chef des »Foreign Research and Press Service« in Oxford, angefertigt. Er kam zu dem Schluss, dass Albanien sich entweder Italien anschließen oder Bestandteil einer jugoslawischen Konföderation werden solle. Das Foreign Office fügte seiner Studie noch eine dritte mögliche Lösung hinzu, nämlich die Aufteilung Albaniens zwischen Jugoslawien und Griechenland. 1942 und 1943 wurden vom Foreign Office weitere Versuche zur Ausarbeitung einer Albanienkonzeption unternommen. Dabei kamen aber nicht wesentliche andere Ergebnisse heraus, wie sie schon Toynbees erarbeitet hatte. Der neue Gedanke war, dass Albanien auch einer Schutzmacht unterstellt werden könnte, wobei beispielsweise an Dänemark als Protektor gedacht wurde. Tönnes, Sonderfall Albanien, S. 433.

[179] Später wurde statt S.O.2 der Name Special Operations Executive, kurz SOE, eingeführt.

bleiben. Dieser Plan scheiterte jedoch Ende 1940 endgültig, als Außenminister Halifax durch Antony Eden abgelöst wurde. Zwischen Eden und dem Geheimdienst S.O.2 kam es hinsichtlich der Albanienfrage zu einem Kompetenzstreit[180]. Ein anderer Grund dieses Scheiterns war auch das Eingreifen der Wehrmacht in Jugoslawien, in deren Verlauf der Leiter der in Belgrad ansässigen Sektion für Albanien, Colonel Dayrell R. Oakley-Hill, in deutsche Gefangenschaft geriet[181].

Die Unterstützung des albanischen Widerstandes

Im Falle eines Zusammenbruchs Italiens, was Ende 1942 immer absehbarer wurde, planten die Alliierten ein sofortiges Eingreifen in Italien und auch in deren Herrschaftsgebieten. Im Zentrum der Überlegungen stand die Abriegelung möglicher deutscher Truppentransporte aus dem Norden. So wurden Pläne über eine Besetzung Süditaliens und insbesondere der Flugplätze im Raum Neapel–Rom sowie über eine Landung in Mittelitalien aufgestellt. Auch die Errichtung eines Brückenkopfes im Raum Durrës zur Unterstützung der Widerstandskämpfer auf dem Balkan gewann an Bedeutung[182].

Seit April 1943 befanden sich beispielsweise britische Verbindungsoffiziere (British Liaison Officers, BLO) bei den Aufständischen im Süden Albaniens. Unmittelbar nach ihrer Ankunft in Albanien waren sie sowohl bei der Nationalen Front als auch bei der Balli Kombëtar stationiert. Ferner wurden mit den einzelnen nordalbanischen Machtgruppen erste Gespräche geführt[183]. Die Aufgabe der britischen Militärmissionen bestand im Kern darin, die Aktivitäten der Widerstandskämpfer so zu organisieren, dass eine Bekämpfung der Wehrmacht unter Beteiligung aller politischen Gruppierungen Albaniens möglich würde. Es stellte sich aber bald heraus, dass die inneralbanischen Konflikte eine einheitliche Kampffront gegen die deutsche Wehrmacht verhinderten. Ein weiteres Problem war die Hinwendung der Balli Kombëtar und der Anhänger Zogus zu den Deutschen. Dieses engte den Spielraum der Briten weiter ein[184]. Die Anlehnung dieser beiden Gruppierungen an die Besatzungsmacht waren keinesfalls nur eine Folge der inneralbanischen Konflikte. Hinzu kam noch ein Weiteres:

> »Die Orientierungslosigkeit der britischen Balkanpolitik hatte ihre Ursache vor allem darin, dass diese Entscheidungen in London auf drei verschiedene Ministerien – nämlich das Foreign Office, das Kriegsministerium und das Kriegswirtschaftsministerium – verteilt waren, deren Arbeit nicht nur unzureichend koordiniert wurde, sondern obendrein

[180] Hibbert, Albanian's National Libertation Struggle, S. 78.

[181] Tönnes, Sonderfall Albanien, S. 432 f.

[182] Böttger, Winston Churchill, S. 106; ausführlicher dazu: Churchill, Der Zweite Weltkrieg, S. 905–911; Hibbert, Albanian's National Libertation Struggle, S. 81.

[183] Smiley, Albanian Assignment, S. 15–41. Zu Problematik und Schwierigkeiten der englischen Militärmissionen in Albanien siehe ausführlich Hibbert, Albanian's National Libertation Struggle.

[184] Sogar der Leiter der britischen Missionen in Albanien, General Davies, der verletzt war, wurde von Kräften der Balli Kombëtar aufgespürt und der deutschen Wehrmacht übergeben. Siehe Hibbert, Albanian's National Libertation Struggle, S. 130 f.

auch noch durch mancherlei Rivalität erschwert wurde. Geradezu unverständlich ist, dass die britischen Offiziere auf dem Balkan ausgerechnet dem Kriegswirtschaftsministerium unterstanden, das weder für die Außenpolitik noch für die Kriegsführung sachlich kompetent war[185].«

Aus diesem Grund waren die Entscheidungen der BLO in Albanien in den meisten Fällen auf deren eigene Erfahrungen zurückzuführen. »When will you do something to help us? [...] What ist our policy?«, beklagte sich ein britischer Offizier bei seiner Regierung[186]. Um diesem Misstand abzuhelfen, wurde General Davies nach Albanien geschickt. Davies nahm zu allen albanischen Kräften Kontakt auf und kam zu dem Schluss, dass die Nationale Befreiungsfront die einzige militärische Kraft sei, die aktiv gegen die deutsche Wehrmacht kämpfe. Zudem berichtete er:

»Ich bin der Ansicht, dass die Haltung der Alliierten sofort öffentlich bekannt werden muss, wobei herzuführen ist, das Quislinge, Verräter und all diejenigen, die gegen die Deutschen keinen Widerstand leisten, von den Alliierten zur gegebenen Zeit die verdiente Strafe erhalten werden. Die Albaner haben dieses Quislingspiel erfolgreich mit den Türken, mit den Italienern und jetzt auch mit den Deutschen gespielt. Sie glauben, mit den Alliierten auf die gleiche Weise verfahren zu können. Daher empfehle ich, eine offene Erklärung zugunsten der Nationalen Befreiungsfront abzugeben[187].«

Jedoch wurde in Kairo auf einer Sondersitzung des Komitees der SOE beschlossen, Davies' Forderungen nicht zu erfüllen. Es sollten weder die Nationale Befreiungsfront, noch die Balli Kombëtar, noch Legaliteti anerkannt werden[188].

Zu einer Stellungnahme in der Albanienpolitik kam es erst Ende 1943. Sie geht auf den Maclean-Report der Majore Billy Maclean und David Smiley zurück[189]. Wie Davies stellten sie fest, dass die Nationale Befreiungsfront die einzige maßgebliche »militärische Kraft« in Mittel- und Südalbanien sei. Die anderen Nationalisten im Norden, wie auch die anderen Kräfte, die nicht der Nationalen Befreiungsfront angehörten, schienen nicht stark genug zu sein, um gegen die Deutschen zu kämpfen. Sie sähen sich wegen des erhöhten Drucks seitens der FNÇ gezwungen, mit den Deutschen zu kollaborieren. Unterdessen absorbierte der Bürgerkrieg die Zeit und die Energie der kommunistisch geführten Partisanen[190]. Mcleans Vorschlag lautete deshalb unter anderem, den Bürgerkrieg zu beenden, indem man die Partisanen zu überzeugen versuchte, dass es besser wäre, »the Nationalists« zu neutralisieren, anstatt sie anzugreifen. Des Weiteren sollten die Partisanen militärische Hilfe bekommen, gleichzeitig jedoch sollten die britischen Verbindungsoffiziere den Kontakt mit den Nationalisten halten und versuchen, sie davon zu überzeugen, dass sie den Kampf gegen die deutsche Wehrmacht aufnehmen.

Anfang Juni 1944 war die FNÇ bereits eine sehr ernstzunehmende militärische Kraft geworden. Ein Bericht aus Kairo an das Foreign Office vom 13. April 1944

185 Tönnes, Sonderfall Albanien, S. 460.
186 Fischer, Albania, S. 202.
187 Zit. nach Puto, In den Annalen, S. 165.
188 Ebd., S. 166.
189 Hibbert, Albanian's National Libertation Struggle, S. 200–202.
190 Smiley, Albanian Assignment, S. 86–88; Hibbert, Albanian's National Libertation Struggle, S. 200 f.

schätzte die FNÇ aufgrund der Berichte der Verbindungsoffiziere so ein: »Die LNÇ [= FNÇ] ist weiter das einzige aktive Zentrum gegen die Deutschen«. Sie benötigte jedoch weitere Unterstützung: »Unsere Verbündeten haben uns mit Waffen und Munition unterstützt, und wir vergessen diese Hilfe nicht und sind dankbar dafür, aber diese Hilfe war ungenügend [...] Schickt uns Waffen, Munition und nochmals Waffen[191].« Die britischen und amerikanischen Waffenlieferungen während des Krieges für den gesamten albanischen Widerstand betrugen über 1200 t (Bruttogewicht), das waren weniger als zehn Prozent der Lieferungen für Jugoslawien. Insgesamt wurden 9211 erfolgreiche Zielflüge (bei insgesamt 12 500 Flugversuchen) gezählt[192].

Die Unterstützung der Nationalen Front erwies sich für die Briten militärisch erfolgreicher als politisch. Erstens wurden mit englischen Waffen neben den deutschen Truppen auch die albanischen Nationalisten bekämpft, was den Bürgerkrieg im Land weiter zuspitzte, und zweitens zeichnete sich ab, dass nach dem Krieg mit einer kommunistischen Führung des Landes zu rechnen war. Es ist durch zahlreiche Dokumente belegt, dass die westlichen Alliierten ab Juli 1944 ein starkes Interesse daran hatten, in Albanien zu landen und einer »Sowjetisierung« Einhalt zu gebieten. In einem amerikanischen Bericht von Ende August 1944 hieß es unter anderem, etwa 5000 amerikanische Soldaten seien unverzüglich nach Tirana und Durrës zu schicken, »um einer möglichen Besetzung durch russische Kräfte zuvorkommen«[193].

Erstaunlich ist ein Angebot der Briten an die Wehrmacht in Albanien, »mit uns [Deutschen] anlässlich der Räumung des Balkans darüber zu verhandeln, dass die deutschen Truppen, weil der Krieg für Deutschland ohnehin verloren sei, in Albanien verbleiben, ihre Stützpunkte weiter besetzt halten und keine Waffen an die Bevölkerung geben sollten, bis sie ›in allen Ehren‹ als Kriegsgefangene abtransportiert würden«[194]. Diese Verbindungsaufnahme seitens der Briten zeigt nochmals die Befürchtung angesichts eines kommunistischen Albaniens. Dabei ist zu betonen, dass im Moskauer Treffen der beiden Staatsmänner Stalin und Churchill im Oktober 1944 Albanien in dem berühmten »half-sheet of paper«, mit dem Premierminister Churchill seinem Verhandlungspartner Stalin die künftigen Einflusssphären auf

---

191 Historia e Partisë së Punës së Shqipërisë, S. 386 (Rede Hoxhas im »Kongress von Përmet« Ende Mai 1944).

192 Hibbert, Albanian's National Libertation Struggle, S. 103, 179, 212, 232.

193 Neuwirth, Widerstand, S. 275.

194 Neubacher, Sonderauftrag Südost, S. 118. Dabei ist zu betonen, dass Hoxha sich oft über eine Zusammenarbeit zwischen den BLO und der Wehrmacht beklagt hatte, was allerdings von der westlichen Geschichtsschreibung skeptisch angesehen wurde. Kurowski weist in seinem 2003 veröffentlichten Buch über die »Brandenburger« hin, dass eine solche Zusammenarbeit zustande kam. Er beschreibt ausführlich diese deutsch-englische Zusammenarbeit in Nordalbanien. Jedoch kommen dabei nur die deutschen Ziele klar zum Ausdruck: Es ging um die Verhinderung eines Angriffes albanischer Freischärler mit Unterstützung englischer Verbindungsoffiziere auf die albanischen Chromerzminen, was dem deutschen Hauptmann Brandt auch gelang. Ferner sollten die Bajraktaren zur Zusammenarbeit bei der Bekämpfung der kommunistisch geführten Partisanen überredet werden. Kurowski, Deutsche Kommandotrupps, S. 228–240. Die englischen Ziele beschränkten sich auf die Versuche, deutsche Soldaten zur Desertion zu bewegen. Siehe Hibbert, Albanian's National Libertation Struggle, S. 235.

dem Balkan nach dem Krieg unterbreitete, nicht mit berücksichtigt war[195]. Im Herbst 1944 befanden sich britische Verbindungsoffiziere nur beim Generalstab der Nationalen Befreiungsarmee. Als klar wurde, dass Abaz Kupi und seine Anhänger nicht gegen die Wehrmacht kämpfen würden, waren die britischen Offiziere von dort abgezogen worden[196]. Der britischen Regierung gefiel der zunehmende Einfluss der KPA keineswegs, aber sie konnte nichts dagegen unternehmen.

So schnell gaben sich die westlichen Alliierten jedoch nicht geschlagen. Weit davon entfernt, eine »provisorische Regierung« zu akzeptieren[197], hatte man genaue Vorstellungen über die weitere Vorgehensweise in Albanien, denn »das Ziel der Amerikaner ist es, die Gegen und die Tosken [den Norden und den Süden Albaniens] zu trennen und eventuell ein Plebiszit zu organisieren unter alliierter Aufsicht«[198]. Nachdem die alliierten Landungsversuche in Albanien gescheitert waren und sich die Nationale Front eindeutig die Einmischung in die inneren Angelegenheiten verbeten hatte, versuchten die Alliierten mittels der Lieferung dringend benötigter Hilfsgüter innerhalb der Bevölkerung die probritische Stimmung zu verstärken. Parallel dazu wurde in Nordalbanien Mitte November 1944 eine Revolte der albanischen Opposition gefördert, die allerdings keinen Erfolg mit sich brachte. Insgesamt erwiesen sich die Maßnahmen als nicht erfolgreich und die Machtübernahme der Kommunisten konnte nicht verhindert werden.

Albanien war das einzige europäische Land, das von den Alliierten weder besetzt wurde, noch ihnen als Marschweg diente. Das Land und seine Bevölkerung blieben denen überlassen, die auch in der Lage waren, einen massiven Widerstand zu organisieren. Jedoch sind die Behauptungen einiger britischer Verbindungsoffiziere, dass die Kommunisten ihre Macht durch englische Waffen und Munition sicherten, als nicht zutreffend zu bezeichnen. Wie Reginald Hibbert betont, waren die englischen Lieferungen für die albanischen Partisanen wichtig, jedoch können sie, bedenkt man ihre geringe Zahl, nicht als der entscheidende Faktor der kommunistischen Machtübernahme in Albanien angesehen werden[199].

Der organisierte Widerstand

Die kommunistisch geführte nationale Befreiungsbewegung erfuhr im Laufe des Frühjahrs und Sommers 1944 eine erhebliche Stärkung. Sie hatte nicht nur die schwierige Lage des Winters 1943/44 überstanden, sondern sich auch besser orga-

[195] Churchill, Der Zweite Weltkrieg, S. 989. Bemerkenswert ist auch, dass Griechenland von Stalin als westlich orientierte Einflusszone akzeptiert worden war, obwohl die dortige griechische Nationale Befreiungsfront der Kommunistischen Partei eine starke kommunistische Bewegung darstellte. Ebd., S. 989–995.

[196] Puto, In den Annalen, S. 230 f.

[197] Siehe den Briefwechsel zwischen Großbritannien und den USA. In: Historia e Partisë së Punës së Shqipërisë, S. 473 f.; und die britische Note an den sowjetischen Außenminister Molotow vom 30.8.1944. In: Hoxha, Vepra 2, S. 392.

[198] Historia e Partisë së Punës së Shqipërisë, S. 460.

[199] Hibbert, Albanian's National Libertation Struggle.

nisiert. So rief das Zentralkomitee (ZK) der KPA den Vorstand des Generalrates der Nationalen Befreiung zum Ersten Antifaschistischen Kongress der Nationalen Befreiung zusammen, der vom 24. bis 28. Mai 1944 in Përmet stattfand. Auf dem Kongress wurde der aus 121 Mitgliedern bestehende Antifaschistische Rat der Nationalen Befreiung (Këshilli Antifashist Nacionalçlirimtar, KANÇ) gewählt. Der KANÇ stellte die höchste legislative und exekutive Instanz im Land dar und war im Sinne der Kommunisten der Repräsentant der Volkssouveränität[200].

Für die Kommunisten stellte der Antifaschistische Rat das erste vom Volk gewählte Parlament dar und das von ihm beauftragte 13-köpfige Antifaschistische Komitee die erste Regierung. Zum Vorsitzenden dieses Komitees wurde Enver Hoxha gewählt. Auf dem Kongress wurde die Einsetzung einer Spezialkommission beschlossen, die alle »Kriegsverbrecher« und alle von den Okkupanten und den »Verrätern« begangenen »Verbrechen« feststellen sollte. Enver Hoxha wurde zum Oberkommandierenden der Streitkräfte ernannt. Die albanischen Streitkräfte wurden gemäß dem Vorschlag des Generalstabs in größere militärische Formationen, Divisionen, Armeekorps usw., unterteilt und es wurden Dienstgrade mit entsprechenden Dienstgradabzeichen eingeführt[201].

Als Hauptdevise des Kongresses galt, »die Generaloffensive zur vollständigen Befreiung Albaniens von den deutschen Besatzern und zur restlosen Vernichtung des Balli Kombëtar, der Legalität und aller reaktionärer Kräfte einzuleiten[202].« Daraus wird deutlich, dass die albanischen Kommunisten den Kampf gegen die Besatzungsmacht nur als Mittel zum Zweck, also zur Erreichung ihres eigentlichen Zieles, einer volksdemokratischen Staatsmacht, angesehen haben. Von diesen kommunistischen Taktiken profitierten vor allem die bedrängten Deutschen, deren Propaganda durch das Verhalten der Partisanen wieder »Oberwasser« bekam[203]. Da die Partisanenbrigaden »unklugerweise bisher gleichermaßen deutsch- und kommunistenfeindliche Banden« angegriffen und »ihre Dörfer niedergebrannt« hatten, rückten die nordalbanischen Stämme, auch solche, die vorsichtig Distanz zu den Deutschen gesucht hatten, enger zusammen und suchten Unterstützung bei der Wehrmacht[204]. Die Kommunisten wollten unter Beweis stellen (weniger den Deutschen als den Westmächten gegenüber), dass sie im Land Herr der Lage waren und eine funktionsfähige Macht errichten konnten. Des Weiteren hatten die Kommunisten bei ihren Angriffen auf die Wehrmacht und deren Verbündete die nationalen Kräften in solchem Maße geschwächt, dass nach dem endgültigen Abzug der Deutschen aus Albanien kein Bürgerkrieg geführt werden musste, der ein

200 Tönnes, Sonderfall Albanien, S. 463.

201 Neben diesen Beschlüssen wurden auch die ersten Gesetze verabschiedet. So wurde dem König die Rückkehr nach Albanien verboten, weder eine Regierungsbildung im Lande selbst wie auch eine Exilregierung wurden anerkannt, und alle politischen und wirtschaftlichen Abkommen des Regimes Zogu wurden annulliert. Neuwirth, Widerstand, S. 244; Tönnes, Sonderfall Albanien, S. 463.

202 Zit. nach Neuwirth, Widerstand, S. 244.

203 Kühmel, Deutschland und Albanien, S. 428.

204 Ebd. Da der Schwerpunkt dieser Arbeit nicht auf dem Widerstand liegt, werden nicht alle Einzelheiten der Reaktionsliquidierung angeführt. Ausführlich dazu Neuwirth, Widerstand, S. 251–261.

Eingreifen der Westmächte erfordert hätte. Als am 28. Juli 1944 britische Truppen in Himara landen wollten und von der geschwächten Wehrmacht nicht zum Stehen gebracht werden konnten, nahmen auch Hoxhas Truppen den Kampf gegen die Briten auf. Die Angriffe von zwei verschiedenen Parteien zwangen die Briten schließlich zum Rückzug[205]. Am 14. August 1944 wurde eine sowjetische Militärmission unter Major K.P. Ivanov im Generalstab der Befreiungsarmee attachiert. Damit hatte Stalin die Existenz eines unabhängigen Albanien anerkannt. Es war mehr als zweifelhaft, ob die Westmächte dieser Anerkennung widersprechen würden, da ihnen am Einvernehmen mit Stalin mehr gelegen war als an der albanischen Frage[206].

Vom 20. bis 23. Oktober 1944 fand in Berat, als der Abzug der Deutschen wie auch die baldige Machtübernahme der Nationalen Front sicher waren, die zweite Sitzung des KANÇ statt. Dabei wurde beschlossen, das Antifaschistische Komitee der Nationalen Befreiung in die »Demokratische Regierung Albaniens« umzuwandeln. Zum Chef der Regierung wurde Enver Hoxha gewählt. Die Hoxha-Regierung verpflichtete sich den Kampf für die Befreiung Albaniens voranzutreiben, die Unabhängigkeit des albanischen Staates zu wahren, die Bürgerrechte zu sichern sowie nach der Befreiung »demokratische Wahlen für die verfassungsgebende Versammlung durchzuführen«, welche die endgültige Regierungsform wie auch die Verfassung festlegen sollte.

Diese Ereignisse sowie die militärischen Erfolge der Partisanen zwangen den Regentschaftsrat und die prodeutsche Regierung Biçaku am 26. Oktober 1944 öffentlich zu verkünden, dass sie jede Tätigkeit einstellten, da die Schwierigkeiten unüberwindlich geworden seien. Die Tatsache, dass die Wehrmacht auf dem Rückzug war, stellte kein Geheimnis mehr dar.

Der Rückzug der Wehrmacht aus Albanien

Der Rücktritt der Regierung Dine fiel zeitlich mit dem Abfall Rumäniens vom Bündnis mit Deutschland zusammen. Dadurch stand für die Rote Armee der Weg nach Westen offen. Zudem schwankte die Position Bulgariens; Anfang September folgte dann die Kriegserklärung dieses Königreichs an Deutschland, weswegen die deutsche Balkanstellung abgeschnitten zu werden drohte[207]. So gab das OKW am 1. September 1944 der in Griechenland stehenden Heeresgruppe E den Befehl zur Vorbereitung des Rückzuges[208].

Die Räumung Albaniens, die am 3. Oktober befohlen worden war, stand in engem Zusammenhang mit der Rückzugbewegung der Griechenlandarmee. Aus diesem Grund nahm die Absetzbewegung des XXI. Gebirgskorps einen besonderen Platz ein, denn ein sofortiger Rückzug des Korps konnte nicht durchgeführt

205 Tönnes, Sonderfall Albanien, S. 465.
206 Vgl. ebd., S. 465 f.
207 Vgl. KTB OKW, Bd 4, S. 713; Hümmelchen, Balkanräumung, S. 576 f.
208 Die Große Absetzungsbewegung im Südosten. Der Rückmarsch der Heeresgruppe E, KTB OKW, Bd 4, S. 713 ff.

werden, da es als Sicherung des Rückmarsches aus Griechenland und Mazedonien gegen eventuelle alliierte Landungen an der albanischen Küste diente. Im Rahmen taktischer Überlegungen wurde im September 1944 das XXI. Gebirgskorps der Heeresgruppe E unterstellt[209]. Die vollziehende Gewalt ging somit automatisch auf den Kommandeur des XXI. Gebirgskorps Ernst von Leyser über. Albanien wurde nun zur Kampfzone erklärt, noch immer unter ausdrücklicher Anerkennung des unabhängigen Staates, der freilich mehr denn je Fiktion war[210]. Am 15. Oktober wurde die deutsche Gesandtschaft aufgelöst. Scheiger und Schliep wurden nach Deutschland ausgeflogen, während Fitzthum, der am 8. Oktober zum Chef der Militärverwaltung Albanien-Montenegro ernannt worden war, ihr Hauptquartier nach Prizren verlegte. Mit dem Abzug der Diplomaten verließen auch zahlreiche albanische Kollaborateure das Land.

Die Räumung Albaniens begann in Vlora Ende Oktober 1944 in Abstimmung mit der Aufgabe von Korfu und Saranda. Es sollte unter Ausnutzung der von Osten nach Westen laufenden Flussabschnitte nach Norden zurückgewichen werden, was zunächst auch planmäßig verlief[211]. Am Fluss Shkumbin war der Feinddruck bereits beträchtlich[212]. Da aber die über die Kleinstadt Struga herannahende Kampfgruppe Steyrer verspätet herankam, mussten diese Stellungen einige Tage länger als vorgesehen gehalten werden. Die Heeresgruppe E hatte die Kampfgruppe vom XXII. zwecks Verstärkung an das XXI. Gebirgskorps abgegeben.

Nach der geglückten Räumung Mazedoniens und dem Eintreffen der Absetzkräfte in Montenegro und im bosnisch-kroatischen Raum sollte das XXI. Gebirgskorps auf Anordnung des Oberbefehlshabers Südost ursprünglich über Nikšić und Trebinje nach Mostar (Bosnien-Herzegowina) marschieren, um sich dort der Heeresgruppe E anzuschließen. Dieses bedeutete für die Wehrmachtteile in Albanien, dass sie sich durch Mittelalbanien in Richtung Nordalbanien durchschlagen mussten. Der Weitermarsch wurde taktisch immer schwieriger, und der unumgängliche Durchzug durch Tirana führte zu einem blutigen Häuserkampf, wie es von einem Wehrmachtsoldaten überliefert ist:

---

209 Die Lage der Heeresgruppe E war wie folgt: Gen.Kdo. XXI. Geb.A.K., Gen.d.Inf. Leyser, in Tirana; 297. Inf.Div., Generalleutnant Baier, mit dem Stab gleichfalls dort, mit den Truppen innerhalb der alten Grenzen von Albanien; 181. Inf.Div. mit dem Stab in Podgorica, mit dem Gros der Truppen um Kotor und Podgorica. Beide Divisionen hatten eine Regimentsgruppe von zwei Bataillonen und einer Artillerieabteilung an die Armeegruppe Felber in Belgrad abgesandt. Infolge dieser Schwächung war eine Zusammenziehung der Truppen befohlen worden. Die 181. Inf.Div., Generalleutnant Fischer, räumte dabei unter beträchtlichen Einbußen den Raum von Bjelopolje bis gegen Podgorica. Die Truppen, nunmehr von Generalleutnant Bleyer geführt, hatten sich noch nicht ganz gefestigt. Im Raum Prishtina (Priština)–Prizren–Peja (Peć) lag die Division Skanderbeg. Ihr albanisches Personal war zum Teil schwankend geworden, Fahnenflucht häufte sich. An den Küsten, hauptsächlich in Vlora, Durrës und Kotor, befanden sich Küstenartillerie, einzelne 999-er Bataillone und Marine. Im Inneren standen auch sechs Schwarzhemdenbataillone und eine Artillerieabteilung kampfwilliger Italiener. Die Flugplätze von Tirana und Podgorica waren von der Luftwaffe besetzt und bevorratet. Kriegsschiffe und Flugzeuge waren nicht vorhanden. Schmidt-Richberg, Das Ende auf dem Balkan, S. 70.

210 Europa unterm Hakenkreuz, Bd 6, Dok. 330, S. 372.

211 Die geheimen Tagesberichte, Bd 11, S. 128.

212 Ebd., S. 140.

»Man hatte den Eindruck Tirana bestände nur aus Partisanen. Am Skanderbeg-Platz hatten wir Schützengräben ausgeworfen und Maschinengewehre in Stellung gebracht. Von hier aus nahmen wir das Zigeunerviertel unter Dampf und hielten die Straße nach Durazzo [Durrës] und die Prachtstraße unter Feuer. Von den Bergen hämmerten die Partisanen mit Granatwerfern und unterstützten ihre in der Stadt streunenden Kameraden. Tag und Nacht lagen wir mit der Fresse im Dreck, eine Hand am Abzug und in der anderen einen Bissen zu essen oder die Zigarette. Je mehr Partisanen wir umlegten, umso zahlreicher wurden sie[213].«

Christoph Stamm ist der Ansicht, dass die in der albanischen Literatur übliche Schilderung der Befreiung Tiranas als Heldenstück ein schiefes Bild ergibt, weil der Partisanenarmee nach dem Abzug der Besatzer die Stadt ohnehin in die Hände gefallen wäre[214]. Der Partisanenführung ging es darum, der Wehrmacht so viel Schaden wie möglich zuzufügen und ihre Kampfkraft auf internationaler Ebene zu proklamieren. Dass es in Tirana zu blutigen Kämpfen kam, wird auch in den deutschen Unterlagen bestätigt:

»Nach Meldung H.Gr. E betragen Verluste des Korps [des XXI. Gebirgskorps] in der Zeit vom 10. bis 20.11. 1600 Mann an Gefallenen, Verwundeten und Vermissten. Davon entfallen etwa 50 % auf Gruppe Steyrer bei Kämpfen im Raum Tirana. Ausfälle an Waffen und Material empfindlich[215].«

Jedoch sind diese Zahlen nicht mit denen aus albanischen Quellen zu vergleichen, denn sie gehen von einer nicht geringeren Zahl als von 2000 gefallenen und 500 verwundeten deutschen Soldaten aus[216]. Die sozialistische albanische Geschichtsschreibung vertrat auch die Ansicht, dass die aus Struga über Elbasan kommende Kampfgruppe Steyrer vollständig im Raum Tirana liquidiert wurde, was die deutschen Unterlagen allerdings nicht bestätigen.

Genauere Angaben über die Wehrmachtverluste in Albanien sind nicht bekannt. Laut Heinz Kühnrich seien durch die albanische Partisanenbewegung in den Reihen der italienischen und deutschen Okkupanten 26 594 Soldaten gefallen, 21 254 verwundet und 20 800 Soldaten gefangen genommen worden, was jedoch alles mit Vorsicht zu betrachten ist. Es wurden fünf Flugzeuge vernichtet, 4000 Gewehre, Granatwerfer und Maschinengewehre erbeutet und 216 Militärdepots gesprengt. Außerdem wurden mehr als 2100 Panzer, Panzerspähwagen und Kraftwagen erbeutet und vernichtet[217].

Nach dem Rückzug aus Tirana am 17. November 1944 erreichten am 22. November die Teile des XXI. Gebirgskorps die nördlichste Stadt Albaniens, Shkodra[218]. Da ein Durchbruch über Nikšić wegen der Partisanenstellungen nicht möglich war, flog der OB Südost am 22. November 1944 selbst nach Albanien, um die Möglichkeit für einen neuen Durchbruch des Korps zu prüfen. Es wurde beschlossen, bei Podgorica über Kolašin und Bjelopolje nach Prijepolje (Serbien) ab-

213 Maller, Die Fahrt gegen das Ende, Bd 2, S. 244.
214 Stamm, Zur deutschen Besetzung Albaniens, S. 117.
215 Die geheimen Tagesberichte, S. 240.
216 Vgl. Historia e Luftës Antifashiste Nacionalçlirimtare të popullit shqiptar, Bd 4, S. 799.
217 Vgl. Kühnrich, Der Partisanenkrieg in Europa, S. 419.
218 Vgl. Die geheimen Tagesberichte, S. 229.

zudrehen, wo der Anschluss an die aus Mazedonien zurückmarschierenden Verbände gefunden werden sollte[219]. Am 29. November 1944 gaben die deutschen Truppen als letzten größeren albanischen Ort auch Shkodra auf[220]. Damit war praktisch die deutsche Besatzungsherrschaft in Albanien beendet. Auch die Wehrmachtteile im Kosovo befanden sich nunmehr auf dem Rückzug. Der Weg für den Aufbau des Kommunismus war jetzt frei.

Schlussbetrachtung

Der Befehl zur Besetzung Albaniens erging unmittelbar nach der Verkündigung der Kapitulation Italiens an 8. September 1943. Die Besatzungsstrukturen standen schon kurze Zeit vor der Invasion fest. Danach sollte Albanien ein neutrales, unabhängiges Land mit eigener Regierung werden, in dem sich die deutsche Wehrmacht nur zeitweilig zur Abwehr einer möglichen Landung der Alliierten an der albanischen Küste im Land aufhielt. Diesem Konzept folgend hoffte Ribbentrop, die gegen den italienischen Faschismus eingestellten Massen für sich zu gewinnen, die von den Kommunisten geführte Befreiungsbewegung zu isolieren und Albanien mit möglichst geringem deutschem Personaleinsatz zu halten.

Zunächst zeigten sich die albanischen Politiker zur Kollaboration mit den Deutschen nicht bereit, aber als eine Invasion der Alliierten nicht zu erwarten war und es sich abzeichnete, dass die Wehrmacht doch einige Zeit im Land bleiben würde, drängten albanische Politiker zur Zusammenarbeit mit den Besatzern. Um die Fiktion eines »unabhängigen« Albaniens aufrechtzuerhalten, machten die deutschen Instanzen, hier Neubacher, trotz der widersprüchlichen Meinungen innerhalb des deutschen Apparats in Albanien einige Zugeständnisse, die die Bildung eines Nationalkomitees, eines Regentschaftsrates sowie einer albanischen Regierung betrafen. Der erste Ministerpräsident der Kollaborationsregierung Mitrovica nutzte diese Chance und stellte ein ambitioniertes Regierungsprogramm auf. Diese politische Entwicklung, auf die die Briten wohl mit Argwohn sahen, stieß zunächst auf Akzeptanz der Regierung in der Bevölkerung. Der albanischen prodeutschen Regierung und der neuen Besatzungsmacht verschaffte auch die Tatsache großes Ansehen, dass Deutschland sich für die Vereinigung von Albanien und Kosovo einsetzte. Dies ermöglichte den Deutschen die wirtschaftliche Ausbeutung Albaniens, vor allem der albanischen Bodenschätze wie Chrom, Erdöl, Magnesit und Lignit. So deckte Albanien während der deutschen Okkupation etwa 17 Prozent des Chromverbrauchs im Reich. Es war im Südosten nach Rumänien der zweitgrößte Öllieferant Deutschlands. Gegenleistungen für die Bodenschätze wurden keine erbracht. Darüber hinaus stellte die Finanzierung der deutschen Truppen und Dienststellen eine große Belastung für das wirtschaftlich unterentwickelte Land dar. So erreichten diese Lasten während der Okkupation schätzungsweise 270 Millionen

219 Vgl. Hnilicka, Das Ende auf dem Balkan, S. 98.
220 Vgl. KTB OKW, Bd 4, S. 725.

albanische Franken[221]. Des Weiteren raubte das Deutsche Reich das gesamte albanische Münzgold im Umfang von etwa drei Tonnen. Die Ausbeutung in Verbindung mit anderen Maßnahmen, die die wirtschaftliche Kraft des Landes schwächten, wie die Entvölkerung der fruchtbaren Küstenregion und die Zerstörungen bei Befriedungsmaßnahmen, hatten auf die Wirtschaft und den Lebensstandard der Bevölkerung schwerwiegende Auswirkungen wie Inflation, rapide Verelendung breiter Bevölkerungsschichten und Hungersnöte.

Die deutsche Propaganda konnte hinsichtlich einer Akzeptanz eines unabhängigen und neutralen Albanien auch wegen der Verelendung der Massen kaum Wirkung erzielen. Die Regierung Mitrovica konnte ihre Legitimität sowohl im inneren als auch außerhalb Albaniens nicht festigen. Aufgrund des nicht vorhandenen deutschen Interesses wurde Albanien auf internationaler Ebene von keinem anderen Land anerkannt. Außerdem hatte die Regierung bei der Bekämpfung der Befreiungsbewegung, ebenso wie die sich als »nationale« Widerstandsbewegung ausgebende Gruppe Balli Kombëtar, die zeitweilig sogar an der Seite der deutschen Wehrmacht kämpfte, versagt.

Die Deutschen verstanden schnell, dass ihrer bisherigen Politik, nämlich den Versuchen einer Stabilisierung des Landes durch eine Kollaborationsregierung, kein Erfolg beschieden war. Daher unternahmen sie, um die politische und militärische Lage im Land zu stabilisieren, im Winter 1943/44 und im Juli 1944 militärische Großoffensiven, bei denen es zu Massenverbrechen an der Zivilbevölkerung kam. Diese Offensiven waren meist sehr erfolgreich. Dies galt auch für die Winteroffensive, während der die Befreiungsbewegung beinahe vollständig liquidiert wurde.

Als klar wurde, dass die deutschen Bestrebungen nach Ruhe und Ordnung von der albanischen Regierung nicht gewährleistet werden konnten, versuchten die Deutschen durch die bekannte Strategie »divide et impera« ihr Ziel zu verwirklichen. Sie bestand vor allem darin, teils durch Drohungen, teils durch Verteilung von Waffen und Geld, alle albanischen Nationalisten, Zogisten und Bajraktaren an sich zu binden und sie im Kampf gegen die kommunistische Befreiungsbewegung zu führen. So wurden nacheinander zunächst die Ballisten, dann die Zogisten und Bajraktaren kompromittiert. Der schwerste Fehlschlag sowohl für die deutsche Politik als auch für die Regierung Mitrovica bestand in der Unfähigkeit, brauchbare albanische Streitkräfte aufzustellen, die die Regierung legitimiert und die Deutschen entlastet hätten. Als die nationale Befreiungsbewegung wuchs und die Hilfe der Alliierten für die Widerstandsbewegung sich verstärkte, wurde die deutsche Albanienpolitik noch brutaler. Dabei waren häufige Regierungsumbildungen zu beobachten, die oft auch einige offen antideutsche, nationalistische Elemente einschlossen.

Letztlich scheiterten auch die Deutschen in Albanien: an der Befriedung des Landes durch Bildung einer unabhängigen Regierung mit Anerkennung im Innern und im Ausland sowie an der Etablierung albanischer Streitkräfte, die die Wehrmacht bei der Bekämpfung der Partisanen unterstützen sollten. Einzig die Regierung Mitrovica wurde von der Bevölkerung teilweise akzeptiert, mehr auf jeden Fall als jede andere albanische Regierungen unter Fremdherrschaft.

---

[221] Siehe Tönnes, Tiranas Reparationsforderungen, S. 169.

Die oberste Priorität der deutschen Besatzungspolitik hatte darin bestanden, Albanien mit einer kleinen Zahl von Truppen zu halten. Im Laufe des Jahres 1944 wurden sogar mehr Truppen aus Albanien herausgezogen als wieder ersetzt. Die Truppen wurden mit albanischen Gütern versorgt, die wiederum mit albanischem Geld gekauft worden waren. Aus Albanien wurden auch kriegswichtige Rohstoffe in das Deutsche Reich geliefert. Außerdem vermochte sich die deutsche Wehrmacht aus Albanien mit nur mäßigen Verlusten zurückzuziehen.

Abkürzungen

ADAP	Akten zur deutschen auswärtigen Politik
AK	Armeekorps
AOK	Armeeoberkommando
AQSH	Arkivi Qendror i Shtetit shqiptarte RPSSh (Albanisches Staatsarchiv)
BLO	British Liaison Officer
Btl.	Bataillon
ChefdGenSt	Chef des Generalstabes
DGA	Deutscher General in Albanien
Div.	Division
FNÇ	Fronti Nacionalçlirimtar (Nationale Befreiungsfront)
Gen.	General
Gen.Kdo	Generalkommando
Gren.	Grenadier
H.Gr.	Heeresgruppe
Inf.	Infanterie
Jg.	Jäger
KANÇ	Këshilli Antifashist Nacionalçlirimtar (Antifaschistischer Rat der Nationalen Befreiung)
KP(A)	Kommunistische Partei (Albaniens)
KTB	Kriegstagebuch
LNÇ	Lëvizja Nacionalçlirimtare (Nationale Befreiungsbewegung)
OB	Oberbefehlshaber
OKW	Oberkommando der Wehrmacht
Pz.	Panzer
RAM	Reichsaußenminister
SOE	Special Operations Executive
SS	Schutzstaffel
UNÇ	Ushtria Nacionalçlirimtare
USA	United States of America
V-Mann	Vertrauensmann
WFSt	Wehrmachtführungsstab
ZK	Zentralkomitee

Quellen und Literatur

ADAP siehe Akten zur deutschen auswärtigen Politik

Akten zur deutschen auswärtigen Politik 1918–1945. Aus dem Archiv des Auswärtigen Amtes, Serie D: 1937–1941, 13 Bde, Baden-Baden 1950–1970; Serie E: 1941–1945, 8 Bde, Göttingen 1969–1979

Anatomie der Aggression. Neue Dokumente zu dem faschistischen Imperialismus im zweiten Weltkrieg. Hrsg. und eingel. von Gerhart Hass und Wolfgang Schumann, Berlin (Ost) 1972

Badoglio, Pietro, Italien im Zweiten Weltkrieg. Erinnerungen und Dokumente, München 1947

Bajrami, Hakif, Dokumente te Institucioneve gjermane per historine shqiptare 1941–1944, Prishtinë 1998

Ballvora, Shyqri, Das Nationalsozialistische Besatzungsregime in Albanien. In: Informationen aus und über Albanien. Hrsg.: Deutsch-Albanische Freundschaftsgesellschaft e.V., München 1979 [Übersetzung aus der französischsprachigen Ausgabe der albanischen Zeitschrift »Studica Albanica«, Nr. 2/1974]

Böttger, Peter, Winston Churchill und die Zweite Front (1941–1943). Ein Aspekt der britischen Strategie im Zweiten Weltkrieg, Frankfurt a.M. [u.a.] 1984 (= Europäische Hochschulschriften. Reihe 3: Geschichte und ihre Hilfswissenschaften, 172)

Broszat, Martin, Albanische Milizen im Zweiten Weltkrieg. In: 2. Gutachten des Instituts für Zeitgeschichte, Stuttgart 1966 (= Veröffentlichungen des Instituts für Zeitgeschichte), S. 343–347

Buchheit, Gert, Der deutsche Geheimdienst. Geschichte der militärischen Abwehr, München 1966

Burdick, Charles B., »Operation Cyclamen«. Germany and Albania, 1940–1941. In: Journal of Central European Affairs, 19 (1959), S. 22–31

Busch-Zantner, Richard, Albanien. Neues Land im Imperium, Leipzig 1939

Butka, Uran, Lufta civile në Shqipëri 1943–1945, Tiranë 2006

Butka, Uran, Mukja: shans i bashkimit peng i tradhtisë, Tiranë 1998

Churchill, Winston S., Der Zweite Weltkrieg. Mit einem Epilog über die Nachkriegsjahre, Bern, München, Wien 1985

Dodic, Lazar, Historischer Rückblick auf die Stellung Albaniens im Weltkommunismus (1941–1948), Tritau 1970

Dokumente te Shtabit te Pergjithshem dhe te Komandes se Pergjithshme te Ushtrise Nacionalçlirimtare Shqiptare. Hrsg.: Instituti i Studimeve Marksiste-Leniniste prane KQ te PPSH, Tiranë 1976

Europa unterm Hakenkreuz. Die Okkupationspolitik des deutschen Faschismus (1938–1945), 8 Bde. Hrsg. von einem Kollegium unter Leitung von Wolfgang Schumann und Ludwig Nestler, Berlin, Heidelberg 1988–1996
Bd 6: Die Okkupationspolitik des deutschen Faschismus in Jugoslawien, Griechenland, Albanien, Italien und Ungarn 1941–1945. Dokumentenausw. und Einl. von Martin Seckendorf, 1992
Ergänzungsbd 1: Europa unterm Hakenkreuz. Okkupation und Kollaboration (1938–1945), 1994

Fischer, Bernd J., Albania at War, London 1999

Fischer, Bernd J., Kollaborationsregimes in Albanien 1939–1944. In: Europa unterm Hakenkreuz, Ergänzungsbd 1, S. 367–376

Frank, Hermann, Landser, Karst und Skipetaren. Bandenkämpfe in Albanien, Heidelberg 1957

Frank, Hermann, Partisanenkampf in Albanien. In: Allgemeine Schweizerische Militärzeitschrift, Nr. 4/5, April/Mai 1954, S. 356–365

Frashëri, Kristo, The History of Albania. A Brief Survey, Tirana 1964

Die geheimen Tagesberichte der deutschen Wehrmachtführung im Zweiten Weltkrieg 1939–1945, 12 Bde. Hrsg. von Kurt Mehner, Osnabrück 1984 (= Veröffentlichungen deutschen Quellenmaterials zum Zweiten Weltkrieg. Reihe 3)

Gjeçovi, Xhelal, Pushtimi gjerman në Shqipëri, 8 Shtator 1943 – 29 Nëntor 1944, Tiranë 2004

Griff nach Südosteuropa. Neue Dokumente über die Politik des deutschen Imperialismus und Militarismus gegenüber Südosteuropa im 2. Weltkrieg. Hrsg. und eingel. von Wolfgang Schumann, Berlin (Ost) 1973

Hadri, Ali, Historia e popullit shqiptar, Prishtinë 1967

Hadri, Ali, Lëvizja Nacionalçlirimtare në Kosovë 1941–1945, Prishtinë 1971

Herzog, Robert, Grundzüge der deutschen Besatzungsverwaltung in den ost- und südosteuropäischen Ländern während des zweiten Weltkrieges, Tübingen 1955 (= Studien des Instituts für Besatzungsfragen in Tübingen zu den deutschen Besetzungen im Zweiten Weltkrieg, 4)

Hibbert, Reginald, Albanian‘s National Libertation Struggle. The Bitter Victory, London 1991

Historia e Luftës Antifashiste Nacionalçlirimtare të popullit shqiptar (prill 1939 – nëntor 1944). Hrsg.: Instituti i Studimeve Marksiste-Leniniste prane KQ të PPSH, Tiranë 1975

Historia e Partisë se Punës të Shqipërise (PPSH). Botuar nga Instituti i Studimeve Marksiste-leniniste pranë KQSH, Tiranë 1969

Hnilicka, Karl, Das Ende auf dem Balkan 1943–1944, Göttingen 1970 (= Studien und Dokumente zur Geschichte des Zweiten Weltkrieges, 15)

Hoxha, Enver, Kur hidheshin themelet e Shqiperise se re, Tiranë 1984

Hoxha, Enver, Vepra 2, Nëntor 1941-Tetor 1943. Hrsg.: Instituti i Studimeve Marksiste-Leniniste pranë KQSH, Tiranë 1968

Hümmelchen, Gerhard, Balkanräumung. In: Wehrwissenschaftliche Rundschau, 9 (1959), S. 565–583

Kriegstagebuch des Oberkommandos der Wehrmacht (Wehrmachtführungsstab) 1940–1945, 4 Bde. Geführt von Helmut Greiner und Percy Ernst Schramm. Im Auftrag des Arbeitskreises für Wehrforschung hrsg. von Percy Ernst Schramm, Frankfurt a.M. 1961–1965

Kühmel, Bernhard, Deutschland und Albanien 1943–1944. Die Auswirkungen der Besetzung und die innenpolitische Entwicklung des Landes, Dissertation, Universität Bochum 1981

Kühnrich, Heinz, Der Partisanenkrieg in Europa 1939–1945, Berlin 1965

Kurowski, Franz, Deutsche Kommandotrupps 1939–1945. »Brandenburger« und Abwehr im weltweiten Einsatz, Bd 2, Stuttgart 2003

Maller, Martin, Die Fahrt gegen das Ende. Erlebnisse aus den Partisanenkämpfen im Balkan, Bd 2, Bonn 1962

Neubacher, Hermann, Sonderauftrag Südost. Bericht eines fliegenden Diplomaten, 2., durchges. Aufl., Göttingen 1957

Neuwirth, Hubert, Widerstand und Kollaboration in Albanien zur Zeit der faschistischen Besatzung (1939–1944). Eine historische Analyse des kulturellen Musters von Freund und Feind, Dissertation, Karl-Franzens-Universität Graz 1996; auch Wiesbaden 2008 (= Albanische Forschungen, 27)

Olshausen, Klaus, Die deutsche Balkanpolitik 1940–1941. In: Hitler, Deutschland und die Mächte. Materialien zur Außenpolitik des Dritten Reiches. Hrsg. von Manfred Funke, Düsseldorf 1976 (= Bonner Schriften zur Politik und Zeitgeschichte, 12), S. 707–727

Puto, Arben, In den Annalen der englischen Diplomatie geblättert. Die albanienfeindlichen Pläne Großbritanniens im 2. Weltkrieg anhand der Dokumente des Foreign Office in den Jahren 1943–1944, Tirana 1980

Rendulic, Lothar, Gekämpft – Gesiegt – Geschlagen, Heidelberg 1952

Röhricht, Edgar, Der Balkanfeldzug 1941. In: Wehrwissenschaftliche Rundschau, 12 (1962), S. 214–226

Röhricht, Edgar, Die Entwicklung auf dem Balkan 1943–1945. In: Wehrwissenschaftliche Rundschau, 12 (1962), S. 391–406

Schmidt-Neke, Michael, Entstehung und Ausbau der Königsdiktatur in Albanien 1912–1939. Regierungsbildungen, Herrschaftsweise und Machteliten in einem jungen Balkanstaat, München 1987 (= Südosteuropäische Arbeiten, 84)

Schmidt-Richberg, Erich, Das Ende auf dem Balkan. Die Operationen der Heeresgruppe E von Griechenland bis zu den Alpen, Heidelberg 1955

Smiley, David, Albanian Assignment, London 1984

Stamm, Christoph, Zur deutschen Besetzung Albaniens 1943–1944. In: Militärgeschichtliche Mitteilungen, 30 (1981), 2, S. 99–120

Tönnes, Bernhard, Sonderfall Albanien. Enver Hoxhas »eigener Weg« und die historischen Ursprünge seiner Ideologie, München 1980 (= Untersuchungen zur Gegenwartskunde Südosteuropas, 16)

Tönnes, Bernhard, Tiranas Reparationsforderungen an Bonn. In: Wissenschaftlicher Dienst Südosteuropa, 29 (1980), S. 169–171

Personenregister